马克思主义简明读本

解读斯大林

丛书主编：韩喜平

本书著者：邱丽敏

编 委 会：韩喜平　邵彦敏　吴宏政
　　　　　　王为全　罗克全　张中国
　　　　　　王　颖　石　英　里光年

吉林出版集团股份有限公司

图书在版编目（CIP）数据

解读斯大林 / 邱丽敏著. -- 长春：吉林出版集团股份有限公司，
2014.4（2021.2重印）
（马克思主义简明读本）

ISBN 978-7-5534-4089-7

Ⅰ.①解… Ⅱ.①邱… Ⅲ.①斯大林，J.V.（1879～1953）—人物研究
Ⅳ.①A745

中国版本图书馆CIP数据核字（2014）第059781号

解读斯大林
JIEDU SIDALIN

丛书主编：韩喜平
本书著者：邱丽敏
项目策划：周海英　耿　宏
项目负责：周海英　耿　宏　宫志伟
责任编辑：矫黎晗
出　　版：吉林出版集团股份有限公司
发　　行：吉林出版集团社科图书有限公司
电　　话：0431-81629720
印　　刷：永清县晔盛亚胶印有限公司
开　　本：710mm×960mm 1/16
字　　数：100千字
印　　张：12
版　　次：2014年4月第1版
印　　次：2021年2月第4次印刷
书　　号：ISBN 978-7-5534-4089-7
定　　价：36.00元

如发现印装质量问题，影响阅读，请与出版方联系调换。

序　言

习近平总书记指出，青年最富有朝气、最富有梦想，青年兴则国家兴，青年强则国家强。青年是民族的未来，"中国梦"是我们的，更是青年一代的，实现中华民族伟大复兴的"中国梦"需要依靠广大青年的不断努力。

要提高青年人的理论素养。理论是科学化、系统化、观念化的复杂知识体系，也是认识问题、分析问题、解决问题的思想方法和工作方法。青年正处于世界观、方法论形成的关键时期，特别是在知识爆炸、文化快餐消费盛行的今天，如果能够静下心来学习一点理论知识，对于提高他们分析问题、辨别是非的能力有着很大的帮助。

要提高青年人的政治理论素养。青年是祖国的未来，是社会主义的建设者和接班人。党的十八大报告指出，回首近代以来中国波澜壮阔的历史，展望中华民族充满希望的未来，我们得出一个坚定的结论——实现中华民族伟大复兴，必须坚定不移地走中国特色社会主义道路。要建立青年人对中国特色社会主义的道路自信、理论自信、制度自信，就必须要对他们进行马克思主义理论教育，特别是中国特色社会主义理论体系教育。

要提高青年人的创新能力。创新是推动民族进步和社会发展的不竭动力，培养青年人的创新能力是全社会的重要职责。但创新从来都是继承与发展的统一，它需要知识的积淀，需要理论素养的提升。马克思主义理论是人类社会最为重大的理论创新，系统地学习马克思主义理论有助于青年人创新能力的提升。

要培养青年人的远大志向。"一个民族只有拥有那些关注天空的人，这个民族才有希望。如果一个民族只是关心眼下脚下的事情，这个民族是没有未来的。"马克思主义是关注人类自由与解放的理论，是胸怀世界、关注人类的理论，青年人志存高远，奋发有为，应该学会用马克思主义理论武装自己，胸怀世界，关注人类。

正是基于以上几点考虑，我们编写了这套《马克思主义简明读本》系列丛书，以便更全面地展示马克思主义理论基础知识。希望青年朋友们通过学习，能够切实收到成效。

韩喜平

2013年8月

目　　录

引　言

　　约瑟夫·维萨里奥诺维奇·斯大林，1879年12月21日出生在俄罗斯帝国第比利斯省哥里镇，民族为格鲁吉亚族。在20世纪，斯大林是一个如雷贯耳的名字，世界顶级政治强人如希特勒、丘吉尔、罗斯福都对他有所敬畏。他曾协助列宁组织和领导了震惊中外的十月社会主义革命，列宁逝世后，成为名副其实的苏联共产党和苏维埃共和国的最高领袖。在此后将近30年的岁月中，斯大林一直牢牢地控制着最高领导权。他领导苏联党和人民在十分艰难的条件下进行了社会主义建设，按照每五年一计划的方式，以高度集中的指令性计划经济模式发展经济，超高速实现农业集体化和社会主义工业化，把落后的农业国变成先进的工业国，为国防奠定了牢固的经济技术基础，但同时牺牲了农业与富农的利益。到1940年，苏联已经成为工业总产值欧洲第一、仅次于美国的世界第二工业大国，终于实现了短期内实现赶超发达国家的目标，创造了人类发展史上的奇迹。

1941年苏德战争爆发后，斯大林担任国防委员会主席、国防人民委员和武装力量的最高统帅。他动员、组织和领导全民进行了卫国战争，依靠最高统帅部大本营及其总参谋部，及时作出战略决策，制定战略计划，组织战略协同，组建和使用战略预备队，先后取得了莫斯科会战、斯大林格勒会战和库尔斯克会战等一系列战略决战的重大胜利。同时，积极开展外交活动，曾参加苏、美、英三国首脑在德黑兰、雅尔塔和波茨坦举行的会议，在推动世界反法西斯联盟的建立和巩固，制定打败德意日法西斯的战略决策方面，起了举足轻重的作用。

第二次世界大战之后，随着丘吉尔发表著名的"铁幕演说"，东西方意识形态的矛盾尖锐地凸显出来。斯大林在苏联东南欧占领区的前轴心国国家内，积极扶植各国的共产主义党派上台，建立了民主德国、捷克斯洛伐克社会主义共和国、波兰人民共和国、匈牙利人民共和国、罗马尼亚社会主义共和国、保加利亚人民共和国等卫星国，组成了以苏联为首的社会主义国家阵营。这些国家在宪法中确立了共产党执政的一党专政制度，推行国有化经济政策，并对国内的自由主义分子和支持宪政民主人士实施严厉打压和"清洗"。世界逐步形成了资本主义宪政民主国家和社会主义人民民主国家两大阵营，开始了40余年的冷战格局。

从1901年3月到1917年2月，斯大林先后7次被捕，6次被流放，5次从流放地逃出，又陷入了失去妻子，遭到社会歧视和排斥的处境，历尽磨难。但他矢志不移，从未丧失革命信念。这些经历反而强化了青年革命者斯大林不张扬却极为坚定的倔强性格，磨练了这位革命者的品格和意志。在艰苦恶劣环境的磨炼中，斯大林逐渐成为了一名具有坚强革命意志和出色组织才能的领导人。同时，这些经历也形成了其武断、暴躁、多疑和有残忍倾向的性格。斯大林树立对自己的个人崇拜，严重破坏了民主和法治。在20世纪30年代的肃反运动中，由于混淆了两类不同性质的矛盾，导致了肃反扩大化，在此期间，130万人被判刑，其中68.2万人遭枪杀，大批无辜的党、政、军优秀领导人和著名知识分子，以致普通干部和群众被加以各种罪名，遭到了"清洗"。在指导国际共产主义运动时，由于他把苏联一国的经验绝对化，忽视了把马克思主义的基本原理与各国革命的具体实际相结合，采取了不少不妥当的做法，对国际共产主义运动造成了不良的影响，在对待一些国家问题上体现了大国沙文主义。

2008年，俄罗斯国家电视台举行了一次"最伟大的俄罗斯人"的评选活动，斯大林高居第三（四至六位分别是普希金、彼得大帝、列宁），仅次于俄罗斯民族英雄亚历山大·涅夫斯基和斯托雷平。他的一生充满了艰辛、曲折与神秘感，本书将系统地解读这位饱受争议，盖棺而不能定论的伟人曲折而矛盾的一生。

第一章 从鞋匠的儿子到流亡的革命者

斯大林出生在一个处在社会最底层的家庭，他的童年也是在郁郁寡欢中度过的，是他的妈妈给了他伟大的母爱，无微不至地照顾他的生活，关心他的前途，培养他成长。可是，最后他走的道路却是他妈妈万万没有想到的。

第一节 斯大林的童年生活

约瑟夫·维萨里奥·诺维奇·斯大林出生在俄罗斯帝国（简称俄国）第比利斯省哥里镇，民族为格鲁吉亚族，他的童年时代是在苦难中度过的，可以说毫无快乐。他的祖祖辈辈都是农奴出身，他的爸爸叫维萨里奥，农奴解放后，成为了一个自由的鞋匠，靠手艺吃饭。在1870年，他的爸爸来到哥里镇。当时，从首都第比利斯沿着库拉向西80多公里就能到哥里镇。1874年斯大林的爸爸与邻村一家农奴的女儿叶卡捷琳娜·格奥尔吉耶夫娜·格拉泽，也就是后来斯大林的妈妈结了婚。夫妇俩都是格鲁吉亚少数民族的下层劳动人民，从小都因家境贫困而失学，没有什么文化，可以说目不识丁。他们的家就安在哥里镇大教堂附近，房间非常狭窄，光线也很暗。就是在这个拥挤的小屋里，斯大林的妈妈先后生了三个孩子，但都不幸夭折了。1879年12月21日，夫妻俩的第四个孩子出生了，他就是斯大林。父母非常疼爱他，给他起的名字是约瑟夫·维萨里奥诺维奇·朱加施维里。参加革命后，斯大林才把名字改为约瑟夫·斯大林，这个名字在俄语里是"钢铁"的意思。斯大林的爸爸仅凭做鞋的低微收入养家，由于穷困，经常以酒解愁，把挣来的为数不多的钱都买酒喝了，后来在一次意外事故中不幸身亡。虽然爸爸平时对他很严厉，但这一不幸事件还是使斯大林痛苦了一段时间。作为一个穷鞋匠的儿子，小约瑟夫不能像其他孩子一样享受童年快乐时光，整天都郁郁寡欢。由于生活在社会底层，童年时期的斯大林便形成了超强的意志和对权势的憎恨。

在斯大林的一生里，妈妈起到了十分重要的作用，她把全部心血都倾注在了儿子身上。为了抚养他，母亲给人家洗衣服，烤面包，收拾屋子，缝制衣服。夜以继日拼命干活，只是为了养家糊口。由于他的妈妈叶卡捷琳娜是个虔诚的教徒，所以她希望让斯大林长大当一名传教士。因为在当时的社会里，传教士可以结婚，可以掌管某个教区，具有很高的社会地位，在替上帝效力的同时，自己也能够享受到许多人梦想的安逸生活。他的妈妈为了完成这个心愿，无冬无夏地干活。后来，农奴制的废除使斯大林妈妈的心愿变成可能——神学院向农民的孩子敞开了大门。1888年秋，妈妈把9岁的斯大林送进哥里镇教会小学读书。为了方便照顾他，妈妈在这所学校里当清洁工，靠着这点微薄的收入，与她的儿子在学校度过了5年。

当时，斯大林只会说格鲁吉亚语，妈妈督促儿子学习俄语，因为这是作为一个传教士必须学会的语言。真是可怜天下父母心，一直到最后，妈妈的愿望也没有实现，如果后来斯大林遂了妈妈的心愿，他的一生和俄罗斯的历史可能又是另一种结果。不过，斯大林很爱自己的妈妈，称赞她精明能干、善良、正直。斯大林当上苏联最高领袖后，怕她晚年生活孤独，曾劝她搬到莫斯科和他一起居住，但妈妈在克里姆林宫住过一段时间后，觉得很不习惯这里的环境，于是又回到格鲁吉亚继续过那恬静而又熟悉的生活。1936年，斯大林的妈妈去世了，享年80岁。去世前不久，她还曾对守在病榻旁的儿子说："你没有当上神父，真可惜！"

斯大林非常聪明，从小就记忆力非凡，而且争强好胜，在哥里教会学校里学习又很用功，因此学习成绩总是排在前面，显示出了超越其年龄的才华。斯大林个子不高，但身体强壮，胆量过人，是学校最优秀的摔跤手。斯大林在同学当中的威信很高，经常有一群同学跟在他后面听命于他，从小就显示出了领袖的潜质，具有很强的凝聚力。

在哥里教会学校，他如饥似渴地读书。据当年他的同学说，他几乎读完了哥里图书馆里的所有藏书。在1895年，也就是他在哥里教会学校学习的最后一年，他就已经在格鲁吉亚一家主要刊物上发表了诗文。1894年6月，他以优异的成绩被校方保送到第比利斯神学院学习，当时他才14岁。这次保送标志着学校对他才能的肯定，预示着他前程远大，也恰恰

解読斯大林

是由于这次保送，为斯大林后来走上革命道路创造了条件。

第二节　神学院里的叛逆者

　　第比利斯是当时格鲁吉亚的首府，现在是格鲁吉亚共和国首都，是全国政治、经济、文化中心，也是外高加索地区的著名古都。这里有宽阔的广场和大街，从广场和大街延伸开去，是狭窄的曲曲弯弯的街道，两旁是鳞次栉比的平顶房和集市，非常繁华。19世纪末20世纪初，这里的人口就有15万多，是一个多民族城市，主要是亚美尼亚人、格鲁吉亚人和俄罗斯人，人们说着各种民族语言，熙来攘往，满街叫卖声不断。当时的俄国沙皇政府非常重视外高加索作为边境地区的重要性，专门修筑了一条军用公路，目的是加强本地区的安全。后来，这个地区随着石油和采矿业的迅速发展，这个城市开始有了新的经济意义。1867年，政府铺设了一条从第比利斯到黑海的铁路线，这条线路不久又从第比利斯延伸到黑海石油城巴库，因此，交通条件更加便利了。

　　第比利斯神学院在信奉东正教的格鲁吉亚人的心目中

享有很高的盛誉，被看成是他们的最高学府，这个学院与俄罗斯帝国其他地区的神学院一样，其宗旨是不仅要对学生进行教育，而且还要训练学生过宗教生活。学校课程除了神学课外，还有数学、希腊语、拉丁语，另外有俄罗斯文学和历史等课程。斯大林在学习上表现出理解力强、记忆过人的才智。第一年他在全班成绩排名第八，第二年上升到第五名。

　　神学院院长是个俄国修道士，名叫格尔莫格尼斯，当时管理学生的是一个叫阿巴希泽的格鲁吉亚人，这家伙一心报效俄国当局，就害怕学生造反，整天瞪着眼睛盯着学生，从早晨7点钟开始，就让全体学生集中到礼拜堂做长时间的东正教祈祷。学生整天都是上课和祈祷交替进行，只有得到特殊允许才可以在课后外出两个小时，但必须在下午5点校门关闭以前返校。学校时时刻刻监视着学生的一举一动，探听学生的活动情况，经常检查学生宿舍，学生们感到在这里生活就好像蹲监狱一样。如果哪位学生有一个小小的过失，就要被关在地下室的一间小黑屋子里禁闭。由于修道士的压力，低劣的伙食再加上缺少新鲜空气和运动，不少学生的身心健康都受到了损害。这种压迫式的反动校规，引起了斯大林强烈的不满，激发了他的反抗意识，促进了革命思想的形成。

当时的俄国社会比较动荡，由于工业资本主义的发展和工人运动的兴起，马克思主义也非常流行。一个由列宁组织和领导的彼得堡"工人阶级解放斗争协会"的成立，大大推进了全国各地社会民主运动的发展。南高加索原是个经济落后的农业区，保存着许多农奴制的残余，因为这里资本主义势力已经侵入，加上民族压迫也十分厉害，工人运动的浪潮也席卷到了这里。在19世纪最后的25年间，由外资占主要地位的石油工业和采矿工业在南高加索迅速发展起来。列宁当时描述道："俄国资本主义把高加索卷入了世界贸易范围，消除了它那些带地方性的特点，即旧时宗法闭塞状态的遗迹，而为自己的工厂创立了市场。这个区域在资本主义侵入初期，人口尚属稀少，其土著山民本与世界经济隔绝，甚至是与历史无关的，而现在这里却已经是石油企业家、酒业商人、小麦厂主和烟草厂主要集中区了。"自从高加索出现了铁路和第一批工厂，工人阶级也随之出现了。谁也没有想到，石油出产丰富的巴库竟成了高加索工业和无产阶级的巨大中心。这一时期，流放到南高加索的俄罗斯马克思主义者，就在此地开展革命工作。于是，在南高加索一带马克思主义活动非常盛行。当时的第比利斯神学院却成为了青年培植各种解放运动思想的苗圃，包括纯粹民族主义思想，马克思国际主义思想在内的很多思想在这里都有，这里已逐渐变成了一个反对俄国政权的中心了，各种各样的秘密进步小组都集中在这里。

神学院里所实行的阴险毒辣校规，引起了斯大林的强烈不满，也助长和强化了他的反抗精神和革命情绪。后来，一个叫路德维希的德国作家采访斯大林时问他："是什么力量把你推向了反抗的方面呢？是因为双亲的虐待吗？"斯大林回答说："不是的。我的父母是没有学问的人，但他们对我却非常好。是另外一回事，是我当时在那里求学的那个神学院的反动校规，和贫富不均、人剥削人的社会制度，使我成了马克思主义这一真正革命学说的拥护者。"这个时期，斯大林虽然逐渐失去了他所学习的东正教的信仰，不过在一片混乱的政治派别中，他也不清楚应该选择什么样的生活道路，感到十分困惑。就在他迷惘时期，俄国涌现出来了一批勇敢、富有理想、事业心强、十分优秀的革命青年。他们极端仇视旧社会，强烈主张消灭剥削制度。他们中比较出名的代表人物是萨沙·楚鲁吉泽和拉多·凯茨霍维利等。其中，楚鲁吉泽出身于皇族家庭，是个有文学天才的知识分子。他不顾家庭反对，投身革命事业，以《沟》和《伊比利亚》两家大型格鲁吉亚文刊物为平台，大力宣传和普及马克思主义理论。斯大林的年纪比他们都小，这个时期受他们的影响非常大，他把楚鲁吉泽的文章收集成册，于1927年出版，作为对朋友的悼念。另一位革命青年叫拉多·凯茨霍维利，他的性格与楚鲁吉泽大不相同，是一个不知疲倦、富有事业心的实干家，他也在哥里教会学校和第比利斯神学院上过学，说起来还算是斯大林的师兄。1893年12月，他在神学院发动了轰动一时的罢课之后，跑到了基辅，没想到在那里被捕，坐了3个月的牢，出狱后还一直受到警察的监视。1897年，他回到第比利斯，以巨大的热情从事革命地下工作。正是这两位革命青年点燃了斯大林对马克思主义的兴趣，引导他走上了革命的道路。

斯大林觉得自己的革命理论还比较匮乏，急需充电，应尽快研究和探索救国救民的道理，于是读书的范围更加广泛了。他读的作品不仅有格鲁吉亚诗歌，也有俄罗斯和西方的经典著作。比如，果戈里、谢德林、契诃夫和托尔斯泰等都是他喜欢的俄罗斯作家。此外，他还经常阅读巴尔扎克、雨果、萨克雷的作品，其中萨克雷的《名利场》给他留下了深刻的印象。他也经常看历史、经济和生物学方面的书籍，在他阅读的书籍中，对他思想影响较大的有达尔文的《人类的起源》，费尔巴哈的《基督教的本质》，巴克尔的《英格兰文明史》，斯宾诺莎的《伦理学》，勒图努的《民族文学发展史》和门捷列夫的《化学》等。对于一个神学院学生来说，这些书籍已经远远超过他的阅读范围，因为这些知识早已经将斯大林变成了一个无神论者。有一次，一位同学提到上帝时，斯大林马上就打断他的话说："你知道，他们在欺骗我们，根本没有什么上帝，我借一本书给你读一读，它会告诉你，这个世界和一切生物与你想象的有很大不同，关于上帝的话全是胡说八道。"因为格鲁吉亚历史上充满了传奇故事，留下了丰富的文学遗产，斯大林非常崇拜传奇英雄，便对民间文学产生了浓厚的兴趣。他读了肖泰·鲁斯塔维里的名著《豹皮武士》，但是给他印象最深的还是卡兹别吉写的绿林好汉柯巴的故事。他甚至用"柯巴"作为自己的化名，后来这个绰号竟然成了他革命后经常使用的名字，在1910年前后，他经常自称柯巴·斯大林，最后才改为约瑟夫·斯大林。

当时的斯大林性情比较豪放，在激情之下常写一些诗文抒发感情。1893年下半年发表过5首诗，次年发表了第6首。这些诗既有浪漫色彩又有强烈的民族主义精神。其中有一首是纪念格鲁吉亚著名诗人拉斐尔·叶里斯塔维的，他在诗中表现出对祖国的强烈热爱。另一首特别引人注目的诗名叫《致月亮》，这是一首热情奔放的抒情诗，歌颂了为反抗外国压迫者而牺牲的格鲁吉亚烈士们。斯大林在1931年与德国作家埃米尔·路德维希谈话中说道："我参加革命运动是从15岁起，当时我和居住在南高加索的俄罗斯马克思主义者成立的一些秘密小组发生了联系。这些小组对我有很大的影响，引起了我读马克思主义秘密刊物的兴趣。"

这时，伟大的革命导师列宁进入了斯大林的视野，他在彼得堡展开了革命活动，于1894年发表了他的具有历史意义的名著《什么是"人民之友"以及他们如何攻击社会民主主义者》，这一大胆的著作对俄国的政治、经济和阶级力量进行了详细的分析，指明了无产阶级解放之路。这些马克思主义著作，激起了斯大林的革命愿望，他决心投身于革命，准备为把工人阶级和全体劳动者从资本家和地主的剥削与压迫下解放出来而斗争。这些革命思潮都反映在斯大林在神学院期间所写的诗篇里，他在诗作中表达了他对于从压迫和剥削中把劳动者解放出来的憧憬，相信人民必会站起来为自己的解放而斗争，而且一定会胜利。

1896年至1898年间，斯大林逐步成为了神学院马克思主义学习小组的领导骨干。他向大家讲解达尔文学说，举行关于历史和政治经济学的座谈会。组织大家对屠格涅夫的长篇小说《父与子》以及其他作家的古典文艺作品进行热烈的讨论。在斯大林这个小组里，还研究了马克思的《资本论》、《共产党宣言》和列宁写的"合法马克思主义"及"经济主义"等一些反对民粹派的著作。学习小组根据斯大林的倡议，组织了手稿杂志的出版，血气方刚的青年朋友们，在这个杂志上撰文抨击专制制度及其对劳动者的压迫和残酷剥削。斯大林尤其喜欢列宁关于俄国局势的分析，他说："我无论如何都要见见他。"

1898年8月，斯大林参加了第一个正式革命组织"麦撒墨达西社"，这是格鲁吉亚的第一个社会民主党的组织。从1893年至1898年，这个小组对推动马克思主义思想在格鲁吉亚和南高加索等地区的传播起到了一定的积极作用。实际上，"麦撒墨达西社"组织内部成员在政治上也并不是统一的，多数社员主张使马克思主义合法化，这就阉割了马克思主义的革命精神，并具有资产阶级的民族主义倾向。斯大林与该社的楚鲁吉泽和凯茨霍维利三人是在"麦撒墨达西社"中占少数的马克思主义革命者的核心，这个核心便是格鲁吉亚革命的社会民主主义派的萌芽。斯大林加入"麦撒墨达西"革命组织之后，更加意气风发，在领导神学院马克思主义小组深入学习马克思列宁主义的同时，还在工人群众中进行革命活动，参加进步工人会议，写传单，组织罢工。这是他在第比利斯先进无产者中间所受到的第一次革命实际工作的锻炼。由于斯大林经常在工人和学生中进行革命活动，1899年5月29日，学院委员会再也无法容忍斯大林的这种公开的反政府行为，最后把他开除了，这对斯大林来说无疑是个打击，不过他从此更加自由了，摆脱了一切束缚，可以一心一意投身到革命中去了。

离开神学院后，斯大林回到哥里与妈妈生活了一段时间之后又返回第比利斯，住在一个工人家里，靠给富家子弟授课挣些钱维持生活。不久，他在第比利斯天文台谋到一个职位，当了一名观测员。起初，斯大林觉得这份工作十分枯燥，觉得很无聊，但后来他逐渐发现，尽管这个工作收入微薄，但工作环境比较安静，没有人打扰，这是一个多么理想的秘密场所啊。斯大林利用这个便利条件，经常在屋里举行秘密聚会，同时大量地阅读进步书籍。其中，普列汉诺夫和列宁的著作最多，严格说，这里才是斯大林真正步入革命行动的地方。

1900年至1901年间，俄国发生了经济危机，工人运动也随之高涨。斯大林抓住这一机遇，在1900年5月到7月间，与另一位革命者加里宁在第比利斯各工厂掀起罢工浪潮。同年8月，组织了铁路修理厂和铁路停车场工人进行大罢工。所有这一切意味着斯大林已经把这里的革命活动搞得越来越大，但是，他还觉得不过瘾，又筹备和指挥了1901年由2000名工人参加的五一节的示威游行活动。这次示威游行遭到了警察和哥萨克兵的武力镇压，工人们进行了英勇的反抗，14名示威者受伤，50多名被捕。这次示威游行很快引起了轰动效应，让远在国外的列宁感到异常兴奋。

为了躲避警察的追捕，斯大林来到巴库，领导当地的革命，在那里建立了一个秘密印刷所。1901年9月，由斯大林和凯茨霍维利发起创办无产阶级革命刊物《斗争报》。在斯大林亲自起草的多篇社论中指出，报纸应当领导工人运动，尽量接近工人群众，以便经常影响他们，成为他们的自党的领导中心。并且着重强调了科学社会主义与自发的工人运动结合的必要性，指出工人阶级应在民主解放运动中承担领导作用，同时论证了组织独立的无产阶级政党的任务。斯大林在文章中向人们描述了被压迫的俄国的现状，他在这篇文章中，把当时马克思主义者普遍的观点与俄国革命运动相结合，认为俄国就是需要用民主的制度取代封建的专制制度。1901年11月11日，第比利斯社会民主党组织召集代表大会，在这次会议上选出了俄国社会民主工党第比利斯委员会，斯大林当选为该委员会委员。在此之后，他又转战巴统，从这时起，斯大林开始使用格鲁吉亚民族英雄的名字"柯巴"作为自己的代号，并组织了这里的罗斯柴尔德炼油厂罢工。1902年2月27日，有6000多名工人组成示威队伍，前往地方军事长官的办事处。这次活动震惊了世界，列宁高度评价了巴统工人的这次示威游行，认为是一次具有重大意义的事件。

　　不久，斯大林第一次被捕。监狱里条件虽然很恶劣，斯大林对自己要求仍然很严，每天一早就起来锻炼身体，其他大部分时间都用来读书，这期间，斯大林虽然身陷囹圄，但并没有同革命运动断绝过联系。1903年3月初，高加索社会民主党组织举行第一次代表大会，在这次会议上成立了俄国社会民主工党高加索联盟。当时斯大林被囚在监狱里，未能出席大会，但大会在他缺席的情况下把他选进了联盟委员会。为了革命事业，斯大林的一生中先后被捕7次，流放6次，又陷入了失去妻子，遭到社会歧视和排斥的处境，历尽磨难。但他矢志不移，从未丧失革命信念，这些经历反而强化了青年革命者斯大林不张扬却极为坚定的倔强性格，历练了这位革命者的才智、感情和意志。在艰苦恶劣环境的磨炼中，逐渐由一个革命青年成为了一名具有坚强革命意志和出色组织才能的领导人。同时，也形成了其暴躁，多疑和有残忍倾向的性格。

第三节　列宁的忠实跟随者

1903年，斯大林认识了他一生最重要的，对其影响最深的朋友和战友列宁，斯大林深深地被列宁思想所吸引，此后无论任何时候都自始至终站在列宁一边，站在布尔什维克一边，并同孟什维克进行坚决的斗争。1905年1月22日，俄国革命终于爆发了。这一天，群众喊着口号列队前往冬宫向沙皇请愿，而尼古拉二世却惨无人道地下令向手无寸铁的工人群众开枪，当时就有1000多人倒在血泊中。沙皇的残暴行为，激起了全国工人、农民、士兵和社会各界人士的无比愤怒，各地的示威、罢工、起义的革命浪潮此起彼伏。同年9月底，一场全国性的总罢工使全俄国陷入瘫痪。尼古拉二世慑于革命威力，不得不于11月12日发布宣言书，答应实行议会制政府。随着革命运动的高涨，彼得堡、莫斯科及全国各地纷纷建立了工人组织。同年12月，莫斯科及其他许多城市和地区举行武装起义，革命活动达到了高潮。遗憾的是起义最终被沙皇政府镇压了下去，革命高潮开始逐步退却。斯大林在1905年1月8日，即彼得堡"流血的星期日"前夕，就听到了惊天动地的革命炮声，他抓住了这个有利机遇，以社会民主党高加索联盟的名义发表了《高加索的工人们，是复仇的时候了！》的宣言，正式提出了革命时机已经成熟，他说："现在是推翻沙皇政府的时候了！……俄国像一支装上子弹，扣起扳机的枪，大有一触即发之势。"列宁在俄国社会民主工党第三次党的代表大会上，提出了武装起义的问题。他不仅指出了武装起义的必要性，而且力促设立党的特别军事机构，斯大林在《无产阶级斗争报》上充分肯定了列宁的这一思想，列宁也非常欣赏斯大林的观点。在此之后，斯大林始终坚持武装夺取政权，他在一次群众大会上指出："为了真正获得胜利，我们需要什么呢？为着这点，就需要三件东西：第一是武装，第二是武装，第三也还是武装。"这是斯大林在残酷的斗争中总结出的结论，实践证明是非常正确的，也是很成功的，以至于他在后来党内斗争和推进经济发展中依然有很强的暴力倾向。1905年12月12日到17日，斯大林代表俄国社会民主工党高加索联盟出席了在芬兰坦默福斯举行的全俄布尔什维克第一次代表会议，在这次代表会议上，列宁和斯大林第一次直接会面了，以前的沟通都是通过信件和刊物。斯大林后来幽默地形容了这次会面，他说："我本来希望看见我们党的山鹰，看见一个伟人，这个人不仅在政治上是高大的，而且可以说在体格上也是高大的，因为当时列宁在我的想象中是一个身材匀称和仪表堂堂的巨人。当我看见了他原来是一个和凡人毫无区别、最平常的、身材比较矮小的人的时候，我是多么失望啊……"，斯大林赞叹列宁演说中有"不可战胜的逻辑力量"，"非凡的说服力，简单明了的论据，简短通俗的词句"。俄国第一次革命失败后，工人运动的浪潮急剧衰退。言论、结社和新闻的有限自由也大部分被取消了。党组织遭到严重破坏，很多同志被捕，更多的党员被判处苦役，遭到监禁或流放。小资产阶级知识分子纷纷离开了党的队伍，部分不坚定的工人脱离了党的秘密工作。党组织的成员大大减少，各级党组织间的联系削弱了。在革命低潮期，斯大林充分显示出超强的刚毅性格和不惧压力的作风，仍然从事着革命活动，并且从一个地区党的工作者成长为全党的领导人之一。

1917年，他历尽千辛，从流放地返回彼得格勒，领导了《真理报》的工作，并参加了全俄布尔什维克党第七次代表会议，当选为党中央委员会政治局委员。同年七八月间，布尔什维克党秘密召开第六次代表大会，在列宁不能参加会议的情况下，斯大林代表党中央做了中央委员会的总结报告和关于政治形势的报告。10月，党中央召开扩大会议，通过了武装起义的决议，斯大林被选进领导起义的党总部，协助列宁组织和领导了十月社会主义革命，取得了十月社会主义革命的伟大胜利，建立了世界上第一个社会主义国家，打破了资本主义一统天下的历史，使人类进入探索社会主义发展道路的新时期，十月革命标志着世界现代史的开端，俄罗斯苏维埃联邦社会主义共和国（简称苏俄）也随之诞生。革命胜利后，他担任民族事务人民委员、国家监察部人民委员等职。在苏俄内战和外国武装干涉时期，先后担任全俄中执委工农国防委员会委员、共和国革命军事委员会委员和南方、西方、西南等战线的革命军事委员会委员，转战各地，为保卫新生的苏维埃政权建立了卓越功勋。

第二章　铁腕振兴

列宁去世后，斯大林成为了苏联的最高领袖，摆在他面前最大的问题是如何建设世界上第一个社会主义国家，如何引导它去实现新的目标、理想，达到顶峰。

第一节　名副其实的最高领袖

1922年4月，在党的第十一次代表大会上，根据列宁的建议，斯大林当选为俄共（布）中央委员会总书记。为了加强各民族人民的团结建设社会主义，1922年底，俄罗斯联邦、外高加索联邦、乌克兰、白俄罗斯等成立了苏维埃社会主义共和国联盟，简称"苏联"。

列宁去世后，他成为了苏联的最高领导人，登上了苏联的最高统治地位，此后30年他一直担任党的这一最高领导职务。但是，起初并不顺利，刚刚坐上最高位置的时候党内的一些老资格的革命家并不买他的账，尤其是当初跟随列宁闹革命的一些人，资历比斯大林还老，因此在许多事情上他不得不做一些让步，违心的事也做了不少，这也充分证明了他不仅仅会使用暴力，也有灵活的一个侧面，这也是领袖必须具备的素质。后来他逐渐地展示出了他的斗争技巧和霸气，先后战胜了许多党内强大的对手，成为了名副其实的最高领袖。经过了这一阶段残酷的斗争，斯大林在党内的威望更高了，人们对他更是敬畏了，举国上下，都是对他的赞扬之声，他仿佛成为"第二个列宁"了，在中央的地位已经完全巩固了，他可以一个人说的算了。最突出的表现就是当斯大林50岁生日到来之际，竟然全国上下都忙着为总书记祝寿，这是在列宁时代都没有发生过的。全国各地争先恐后地向领袖发来了致敬的贺词，各地的党组织都在歌颂他的丰功伟绩，莫斯科的大街小巷都有他的巨型画像，他的各种规格和形态的塑像在广场、公共建筑大厅、商店橱窗直至最普通的理发店都能够见到，人们高喊着"斯大林就是今天的列宁"。

但面对这种排山倒海的赞扬，斯大林却表现得非常冷静，在其他人看来他似乎对于树立自己的威望不太感兴趣，平时更没有精力和心思沉醉于个人迷信，他甚至表现出对那种阿谀奉承和无原则的吹捧非常讨厌。因此，在近乎狂热的个人崇拜中，斯大林是非常清醒的。不过在全国上下举行大规模祝寿活动中，斯大林情绪也受到了感染，他在《给祝贺斯大林同志五十寿辰的一切组织和同志》的信中很谦虚地写道："我把你们的祝贺看作是对按照自己的形象诞生了我和培育了我的伟大的工人阶级政党的祝贺。正因为我把这种祝贺看作是对我们光荣的列宁党的祝贺，我才敢于向你们表示布尔什维克的谢意。同志们，你们可以相信，我决心今后继续把我们的全部力量，把我的全部才能，必要时把我的全部热血一滴一滴地献给工人阶级的事业，献给无产阶级革命和世界共产主义的事业。"斯大林这封充满激情的感谢信表达了他对工人阶级事业无限忠诚的决心，这就更增加了人民对他的尊敬与爱戴。

在斯大林参加革命初期，就以"实干"而著称，他是不图虚荣的人。他坚信自己是一位主宰世界的领袖，是在履行历史的意志，他更关心的是如何在苏联建好社会主义。斯大林很好地利用了这种神秘的崇拜，使他的领导地位得到进一步稳固。这时，他觉得终于能够真正地干一番事业了，也可以充分实现自己的价值了。不过他感到自己的责任也大了，作为最高领袖，他必须为国家负责，为人民负责，对历史负责，斯大林的一生确实是做到了这一点，尽管也做错了一些事，但毕竟是方法上的错误，目的还是好的。

第二节　伟大而艰难的农业革命

当时，斯大林考虑最多的是世界上第一个工农国家的群众力量获得了解放，如何建设社会主义，如何引导它去实现新的目标、理想，达到顶峰。这些事情毕竟没有人尝试过，更没有什么经验可以借鉴，当时的一切都是崭新的，党的刊物上充满了老的和新的理论家的文章，一时间，各种理论铺天盖地，说什么的都有。他们提出各种建议，说明该如何继续前进，人们都在积极地思考着、探索着，最核心的问题当然是如何发展经济，壮大国力了。斯大林虽然对经济学的了解并不十分深入，也不具有十分敏锐的经济眼光，但是他意识到了国家正处于非常艰难的阶段。他纵观俄国历史，发现旧俄国由于贫穷落后，屡遭外国列强的欺辱。因此，他号召人民，一定要以最快的速度来建设国家，为了实现这一目标，他以史无前例的魄力，决定必须尽快进行农业集体化和工业现代化革命。

人民响应了领袖的号召，忘我地建设社会主义热潮在全国兴起。伟大的斯大林时代拉开了序幕，这个时代造就了一批新人，他们用拼命精神迅速地使旧俄国变成了一个强大的工业国，也为反法西斯战争的胜利打下了坚实的基础。1925年4月在党的十四大上，斯大林的执政生涯进入了一个新的阶段，苏联实行了一个新发展模式，经济也进入了一个新发展阶段，这一发展模式对今天的俄罗斯经济还产生着深远的影响。他放弃了列宁的经济政策，全力进行工业化，俄共（布）中央提出把苏联从农业国变成工业国的社会主义建设总路线。1927年他主持召开了党的十五大，这次大会通过了农业集体化的建议。

他知道这也是一场史无前例的革命，既然是革命就必然会有阻力，对付一切阻力的办法，斯大林是有着成功经验的，那就是通过暴力手段，把一切阻力都当作反动势力来打倒。因为他认为如果依靠教育和规劝来实现共产主义，那将是一条漫长的道路，而这是国际国内条件所不允许的。但与早期革命不同的是，用暴力对付来自人民中间的阻力，就等于向人民宣战，这同样是个冒险行为，需要有胆量和勇气，更需要领袖的智慧。

为此，他的讲话总是以启发人民的民族自豪感和社会主义使命感，激发党员和人民的建设热情和牺牲精神为中心的，他觉得这样做会更容易让人们接受。斯大林曾在各种会议上不止一次地提出工业化和农业集体化必须"加快速度"的观点。他很欣赏一位专家提出的"指令性经济"的概念，后来这个词在许多社会主义国家盛行，中国现在仍然沿用着。斯大林曾多次援引、借用并向听众和读者们灌输他这些相对温柔的词，因为这些词句不是那么生硬，而且还可以准确地反映他本人的意愿。

1929年4月，党的第十六次代表会议批准了第一个五年计划，是一个让前苏联经济和军事迅速腾飞的蓝图，目标是令苏联的经济迅速发展，后来成为了苏联共产党经济发展的总方针。这是斯大林时期一次伟大的计划经济举措，也是计划经济国家的标志性经济政策，这种发展模式对今天的中国经济政策仍然有深刻影响，它预示着工业化和农业集体化能够以最快的速度在全国实现。这个计划一下达，全国沸腾了，各级党员、干部、共青团员和广大工农劳动者都积极地投身到社会主义建设热潮中来。思想发动起来了，先从哪里下手呢？斯大林最后决定还是先从农业下手。1930年1月5日，联共（布）中央委员会公布《关于集体化的速度和国家帮助集体农庄建设的办法》的决议，该决议确定了实行全盘集体化和消灭富农阶级的政策。中央的指示一下达，全国的农民立即行动起来，掀起了一场伟大的农业革命，从1930年到1933年间，大约有1400万块小片土地合并组成了20万个大农庄，以一家一户为单元的个体劳动变成了集体化生产，在农业耕作中充分发挥了农田水利工程和拖拉机的优势。在这片幅员辽阔、人少地广的土地上，苏联农民创造了新的发展模式和惊人的成果。他们的道路是前人从未走过的，也是世界上从未有过的，这条路为苏联的工业化和国防现代化打下了坚实的基础，也为后来中国农业的体制改革即人民公社的建立树立了样本。斯大林将全国的农业发展纳入计划之中，将小农庄的合并成大规模的集体农场以推动现代化耕作方法，包括机械化生产及施用化肥，实现规模经济效益，每个集体农场共同享有土地、农产品及生产设备，生产目标都由国家根据全国或地区需要加以规定。从1929年开始，集体农场的数目有57000个，1930年增加至8万多个，此后自1931年开始，国营集体农场数一直维持至20万个以上。然而，这一过程是十分艰难的。开始的时候，斯大林把这项工作想得比较简单，而且实施得十分急躁，他要求把实现集体化的时间缩短一半，还觉得不够快，不断要求再快些，各地督促加快速度的会议和文件接连不断。但是他忽略了当时的农业现状。在集体化之前，苏联农民普遍采用中世纪的古老耕作方法，许多农民既无牲畜，又买不起工具，甚至几百里地都看不到一台拖拉机，农民们甚至愚昧地把拖拉机叫作"魔鬼的机器"。在发展极其落后的农业区，根本找不到一个懂农业技术的人，更谈不上科学种田，播种的日期要靠宗教界人士来敲定，虔诚的农民教徒列队祈求风调雨顺，毕竟小农经济永远躲不开"靠天吃饭"的命运，在障碍重重的状况下，集体化运动仍然搞得如火如荼。共青团员们担当起了党的后备军作用，他们是革命的生力军，是斯大林路线的捍卫者和突击队。党的基层干部认真地贯彻集体化的路线，他们把党代会上的号召直接传达给农民，并许愿供给集体农庄庄员拖拉机、收割机等大型农业机械。

斯大林的祖祖辈辈都是农民，所以农民的落后思想他也相当了解。他深知改变落后的农业面貌，确实是一场深刻的革命。长时期的小农经济已经形成一股强大的习惯势力。人们的无知和宗教的传统都是无形的思想障碍，死死地束缚着人们的手脚，禁锢着人民的行为。要想排除这些障碍，绝不是几个文件或命令所能解决的。因此，尽管中央三令五申，但农民仍然缺乏自觉性，还是我行我素。再加上唱反调的人出现了，特别是新经济政策以后富裕起来的农民，他们与国家分庭抗礼，力图摆脱政府对粮食的控制。这一切都给斯大林推行集体化带来极大的困难。然而，在障碍重重的状况下，集体化运动仍然搞得如火如荼。通过组织领导和舆论宣传，大部分农民群众终于敢放心大胆地参加集体农庄了。

　　集体化的步伐如此之快，以至使人们来不及学习大生产的管理与技术，一切都是边干边学。这时，集体农庄又催生出了一个非常受欢迎的组织——拖拉机站。在那里有农业专家，有几十架教学用的拖拉机和配套设备，有修配工厂和驾驶员学校，有教师和技术人员传授有关的技术知识。每个农庄选派聪明能干的青年参加学习。不久，他们就学成开着拖拉机在自己农庄的大片土地上耕作起来。实践证明：这个拖拉机站十分受农庄的庄员欢迎的，尤其在牲口缺乏的地区，人力操作是十分繁重的。拖拉机的出现，把一切问题都解决了。人们亲眼看到了机械化操作的威力，"拖拉机站"这一组织不仅在苏联存在了半个多世纪，而且推广到东欧和亚洲的社会主义阵营各国。搞农业集体化、建拖拉机站，这是斯大林把小农经济转变为大经济的实践，是实行社会化大生产的一次伟大的尝试。他使苏联的农村整个变了一副模样。过去，"个人自扫门前雪，不管他人瓦上霜"的个体农民一跃而成为国家的主人翁。人们的思想感情完全不一样了。学科学、学文化、开展扫盲运动、兴修大型水利工程、修筑铁路，在杳无人烟的顶峰峡谷之间开山、铺路、修桥……这一切都是在农业集体化之后才开始实施并大见成效的。斯大林领导的是一场深刻的革命，释放出了强大的生产能力，同时，人民在集体农庄里逐渐感受到了集体的智慧和力量，体会到了社会主义的优越性。当时，有一位年轻的毕业生说出了许多人赞扬斯大林时代的心里话："在这样的国家，在这样的时代……生活是美好的。我们——国家的年轻主人翁，有使命去征服空间和时间。"

但是，在这场社会变革中，也出现了一些偏差，导致了一些不良后果。斯大林利用暴力推行农业革命，他动用国家机器对农民进行镇压，国家政治保卫总局成了推动集体化运动的先锋队，还有25000名"有充分的政治和组织经验"的工人突击队配合作战。最典型的就是对富农采用了极端的手段，斯大林这个过火的决定到后来一直受到批评。事情是这样的，1930年1月30日，中央根据斯大林的要求，通过了《关于在全盘集体化地区消灭富农经济的措施》的决议。该决议规定，地方政权机关在同富农的斗争中有权采取各种措施，直至完全没收他们的财产，以及把他们驱逐出原来居住的地区和州。1930年1至2月份的所有报纸清一色地宣传要战胜社会上一切反抗势力，尽快实现集体化。

许多地方提出这样的口号："谁不加入集体农庄，谁就是苏维埃的敌人。"而错上加错的是这种强制政策不仅是对付富农，而且扩大到对付中农和所有不愿参加集体农庄的农民。据一份材料统计，1929年流放到西伯利亚和北极地带的有15万多户所谓富农家庭，1930年有24万户，1931年有28.5万户。大约有850万至900万男人、妇女、老人和儿童被划成富农。其中大部分人不得不背井离乡，告别他们的祖坟、多年的故居和全部简陋的家当……许多人因为反抗而被枪决，不少人在去西伯利亚和北极地带的途中死去。在许多地方，有时是出于使用暴力的恶习，有时是出于物质利害关系，对中农也采取了清算的政策。据估计，约有6%至8%的农户被这种过火行为所伤害。这样计算起来，在全盘集体化过程中，有1000万人口蒙受灾难。强迫和掠夺农民的政策几乎使大多数农民走投无路，他们不甘心在枪口威逼下放弃祖辈传下的生活习惯，农民在加入集体农庄前屠宰了牲畜和家禽，社会矛盾不断被激化，反抗行动遍及全国。据统计，1933年与1929年相比，牲畜数量减少了二分之一至三分之二，广大农村的土地无人耕种，良田荒芜，到处是一片萧条的景象，农民以盲目地破坏来进行反抗，谋杀和纵火案比比皆是，甚至党员夜间在乡村行走都会遭到杀害。开始，斯大林对形势的估计是相当乐观的，根据他的经验，他相信自己的政策不久就能显示出巨大的威力。然而，无情的事实给他泼了一瓢冷水，他的信心遭到了严重的打击，他的路线遭到了全国性的反抗，这就叫做物极必反。当时全国叫骂声不断，成千上万封告状信从四面八方飞到莫斯科，前来上访的人群接连不断，这时"冷静思考"又帮助了斯大林。他通过仔细分析后，指出了农村在执行"消灭富农和集体化"的政策时产生的过火行动，使农村的阶级矛盾人为地紧张起来。斯大林认为：这是由于一些农村干部肆意歪曲党的政策，被胜利冲昏了头脑，在执行过程中出现了偏差，于是又下令及时制定一系列纠正措施。斯大林鼓励大家说："我们的国家正在变成金属的国家，汽车化的国家，拖拉机化的国家。当我们使苏联坐上汽车，使农夫坐上拖拉机的时候，让那些以自己的'文明'、自夸的可敬的资本家们试试追上我们吧。我们还要看看，到那时哪些国家可以'评定'为落后的国家，哪些国家可以'评定'为先进的国家"。他认为，为了达到这一崇高的目的，即使有牺牲，也必须尽力去做。斯大林的集体化政策虽然遭到了人民的抵制，但他用坚强的意志获得了最后的胜利。斯大林郑重地向人民宣布："我们正处在由农业国变为工业国的前夜，我们要以战斗的布尔什维克的速度进行社会主义建设，真正做到五年计划四年完成。"这些雄壮的语言震撼了亿万人民的心扉，饱尝战争之苦的人民多么渴望自己的国家强大起来啊！具有青春活力的年轻人多么想与父辈们一起共同改变旧俄国遗留下来的贫穷面貌啊！领袖的话使他们感到：农业集体化是社会主义康庄大道，是使国家富强的必由之路，是正确的道路，而个体农民发财致富的愿望是可耻的，甚至是反动的思想。人们鄙视这种行为，把领袖的号召很快化作群众的自觉行动。农业集体化的事业经过一番波折进展得还是十分顺利，到1931年6月，已经有52.7％的农户实现了集体化。到1935年，全国90％以上的农户都加入了集体农庄，只有边疆地区还有少数的个体农民。

第三节　轰轰烈烈的工业化革命

　　在大规模农业集体化运动的同时，斯大林感到自己有一种责任，就是必须把落后的农业国改造为先进的工业国，把俄国带入世界强国之列。为此，震惊世界的工业化革命迅速爆发。他在著名的《论经济工作人员的任务》的演说中正式提出了赶超战略："由于苏联是唯一的社会主义国家，处于敌对的资本主义包围之中。苏联经济技术十分落后，而周围的资本主义国家技术先进，工业发达。如果苏联不能在短时期消灭这种落后性，不发展工业，不建立军事工业，不迅速巩固国防，帝国主义随时可能发动军事干涉和侵略，扼杀苏维埃政权。"斯大林斩钉截铁地指出："决不能减低速度！恰恰相反，必须竭力和尽可能加快速度。""延缓速度就是落后，除农业外，工业也得到有效地恢复与发展，在乌拉尔山脉，西伯利亚，中亚开探新地区，以便发掘煤矿及矿石矿，为重工业发展打下基础。而另一方面，此计划也有着重在电力的发展，大力推行电气化，而政府也加强对煤及油等燃料的独裁控制。"斯大林决心要在十年内赶上或超过资本主义先进国家，但对于这样大规模的经济建设，斯大林毕竟是生疏的，他没有受过系统的经济方面教育，又不愿意请教旧社会经济专家，他这些年很多时间埋头于政治事务和阶级斗争，也没有精力去研究经济规律方面的问题。但是，他始终相信通过严密的组织手段和行政命令就能战胜一切困难和阻力。过去的成功已充分证明，单靠手中的权力就能消除强大的对手，击败那些持不同意见的集体和个人，甚至能消灭整个富农阶级。今天，斯大林仍然信心十足，靠手中至高无上的权力，同样能够使那些工业领导人按照计划规定去生产出大量的煤、钢和机器。

为了赶超世界先进水平，斯大林把"一五"提出的"四年完成五年计划"改成了"三年完成"。他认为这是"为了一日千里地前进"。斯大林通过研究俄国历史，从中发现这样一条规律：由于旧俄国落后，因而不断挨打。他说："蒙古的可汗打过它，土耳其的贵族打过它，瑞典的封建主打过它，波兰和立陶宛的地主打过它，英国和法国的资本家打过它，日本的贵族打过它，大家都打过它，因为这既可获利，又不会受到惩罚。打落后者，打弱者，这已经成了剥削者的规律。这就是资本主义弱肉强食的规律。你落后，你软弱，那你就是无理，于是也就可以打你，奴役你；你强大，那你就是有理，于是就得小心对待你。正因为如此，我们再也不能落后了。"领袖的召唤立刻转变成亿万人民的行动。

斯大林还有一个高明之处是善于用政治手段点燃激情，不断激发人们的忘我精神和无穷无尽的创造力。尤其是年轻的一代在建设热潮中，总是用美好的理想来战胜暂时的困难。特别是共青团员，他们热情地响应号召，自愿去到极其艰苦之地打先锋，他们热情地欢呼新世界的愿景，即使把自己的一腔热血抛洒在建设的土地上也在所不惜。他们改变了对传统"劳动"一词的看法，劳动再不是传统上受奴役、受剥削的苦事，而是像领袖斯大林所说的那样，是"光荣的事情，荣耀的事情，英勇豪迈的事情"。中央政治局充当最高司令部，基层各单位都配备了政治指导员，作为战斗堡垒的党支部负责政治宣传和鼓动工作。他们不断地传达党中央的声音，向工人们灌输革命英雄主义的伟大思想，并要求他们以自我牺牲精神投入到社会主义建设。革命的热情克服了资金、劳动力、科技工作者严重匮乏的矛盾，在轰轰烈烈的"社会主义竞赛"热潮中，党支部组织了青年突击队。年轻的工人们都不甘落后，你追我赶，争当先进工作者。他们加班加点，拼命干活，甚至创造了世界劳动生产率的记录。一个美国目击者和参与者写道："我在马格尼托哥尔斯克立即陷入一场战斗，我被调派到钢铁战线上去，为了建设高炉，成千上万的人忍受着极为紧张的艰苦生活，而且很多人是自觉自愿的，有着无限热情的，从我到达那一天起，这种热情就感染了我。"这位作者作结论似的说："我敢担保，光是俄国黑色冶金战斗所引起的伤亡，就多于马恩河战斗的伤亡。"在斯大林领导下，人们的忘我精神和无穷无尽的创造力成为了那个时代的最具特色的标志。有一位记者在新西伯利亚城采访了一位带病坚持工作的铁路工人，记者问他为什么不把妻子接来陪他一起生活时，这位铁路工人回答说："人生最伟大的事情就是工作，是创造，在我们生活的这段时刻，有无穷尽的创造机会。我难道能够从创造的工作中离开一个钟头去温存我的妻子或是按时去吃饭吗？"那个时期，在斯大林的感召下，不管是普通群众、领导还是党员，都把艰苦创业的思想看作是一种使命，是应该承担的天职。在这种革命的热潮中，展现了一个崭新的制度，一切旧的习惯和看法都瞬间消失在这片古老而落后的国度里了，人与人之间的关系发生了根本性变化，妇女和儿童的地位也与过去迥然不同，就是在最落后的偏僻地区，妇女也不再受到歧视与欺压了，工业化使所有妇女都能够走出家门，她们在法律上和政治上的地位都与男人同等。在那个激情燃烧的岁月，人们你追我赶，争先创优，树立了一个又一个榜样。有一个名叫玛丽的甜菜大王，她向所有的同行们提出挑战："让我们用糖来铺满土地，我的生产队保证每英亩出产20吨甜菜。"立刻就有几百个农庄应战，一场争先恐后的竞赛活动就这样轰轰烈烈地开展了起来。当8月间干旱来临时，玛丽请来消防队员帮助她在甜菜地里浇了两万桶水，收获的时候，每英亩甜菜产量达到了21吨，这在当时的年代是不可思议的。全国的所有媒体都在为她喝彩，玛丽成为了一名劳动英雄，可是不久，她的记录又被其他人打破了。在十月革命纪念日里，玛丽等劳动模范代表被请上了主席台，她们站在领袖的身边，玛丽激动地告诉斯大林："我曾梦想来看看领袖。"斯大林说："但是现在你们也是领袖了。"斯大林问她要什么奖励，玛丽要求得到研究种植甜菜的研究基金，斯大林答应了她的要求。工业化运动同农业集体化一样，按军事化的行动展开，这在形式上为培养集体主义思想和开展劳动竞赛创造了极为有利的条件。

就在工业化运动在一片欢呼声中开始的同时，新的问题又出现了，这一庞大的行动首先要解决的是资金和人力的问题，其次是技术问题。关于资金来源，斯大林认为：帝国主义发展经济是靠掠夺殖民地，靠发战争财，而苏维埃共和国是世界和平使者，是维护世界和平的中心和堡垒，因此它不靠任何外援，必须自力更生，要自己解决经费进行建设。所以，斯大林只能向本国人民施加压力，首先又得靠掠夺农民来筹集建设资金，除此之外也别无他法。为了提高速度，必须在短期内筹集大量经费，抽调大批人力，才能在广大的战线上迅速拉开战场。为此，人民必须做出极大的努力和牺牲。更加糟糕的是连年不断的饥荒波及全国大小城镇，就连莫斯科的居民也不得不食用定量的粮食。至于农村，情况就更糟了，饿死人的事情司空见惯。可是斯大林认为搞建设就好比一场战斗，要战斗就会有牺牲，这是不足为奇的事情。工业建设的人力来源，除了城市固有的工人阶级以外，大量从农村选调。尽管如此，人力仍然不足，大型的工程，如第聂伯水电站等还不得不靠大批的劳改犯人和流放人员去完成。

现代化大工业需要高、精、尖的设备和技术，更需要一大批熟练的技术工人，而旧沙皇俄国留下的是分散、落后的小农经济，在1亿多人口的大国里，几乎是没有钢铁、机械、化工、汽车、飞机、橡胶等产业。在短短的5年间，全国已出现了上百个新城市和工人村，虽然有大量的农民工涌进新建的城市和大型企业，工人的数量大幅度增加，可是，这些新来的工人文化和技术素质很低，几乎没有经过正规培训就上岗的现象极为普遍。工程技术人员更为缺乏，这就给大工业生产带来极大的困难。为了解决这个问题，斯大林号召青年人努力学习技术知识，尽快培养自己的科学技术专家。为了响应领袖的号召，有成千上万的青年去到高等技术院校学习深造或参加各种学习班。到1931年为止，整个工业战线还雇佣了5000名国外专家，此外，还把许多苏联工程师和大学生派往美国等地进修学习，以便回国指导经济建设。

第一个五年计划期间，苏联共建立了近1500个大型企业，其中有代表性的如：第聂伯水电站、库兹涅茨克钢铁公司、乌拉尔机械厂及化学机械厂，另外还有农机厂、拖拉机厂、汽车厂等。马格尼托哥尔斯克钢铁企业以及许多最现代化、最巨大的工业联合企业，仿佛一夜之间在人们的眼前矗立起来，这种发展势头孕育了新文明的出现，在这种新的文明中，生产者将使机器服从自己的意志，而不是像过去那样生产者服从机器及其主人的意志。尽管工业化本身存在这样那样的矛盾，具有历史意义的五年计划还是提前一年完成了，它使苏联在一片空地上建起了重工业网络，绘制了一个重工业的新布局模式，就是在燃料和原料产区建立重工业基地，以减少运输的压力；在一些大城市中建起大型工厂，如在斯大林格勒仅用11个月的时间就建成了一座宏伟的拖拉机制造厂，这些工厂成为重工业的脊梁；在乌拉尔建立国防工业以对付西方资本主义国家的侵略。正因为有这样雄厚的重工业基础，苏联在第二次世界大战中才免遭毁灭性的失败，才有能力最终战胜德国法西斯，事实又一次证明了斯大林的高瞻远瞩。实现农业集体化，也需要重工业高速发展，需要这个坚实的基础。为此，人的生命、能源和原材料的耗费是巨大的，收获也是可观的。提前一年完成的苏联1929年—1932年第一个五年计划，工业中生产资料生产年均增长28.5%，消费品生产年均增长速度也达11.7%，比西方国家高得多。例如，即使在"繁荣"的20年代，1925年—1929年间，美国的消费品生产年均增长只有1.4%，德国为3.1%，英国反而缩减1.9%，斯大林创造一个了不起的成就。

第四节　计划经济的伟大成就

斯大林制定的第二个五年计划在1933年至1937年开始实施，其主要发展目标是由农业转为重工业，斯大林为煤、铁、钢等工业生产定下高额生产目标，下令兴建发电站、矿井及油田，又改进运输设施。结果在短短几年间工业产量有大幅度提升，以钢产量为例，1938年的钢产量比第一次世界大战前增加近3倍、比1920年的最低潮高出100多倍，仅次于美国和德国，比英国和法国的产量总和还高；同年苏联在世界制造业产量的占有率仅次于美国、德国及英国，位列世界第四；工业产量的提升带动能源耗用量比第一次世界大战前增加3倍有余，比1920年的最低潮高出12倍，同样仅次于美国、德国及英国。而乌拉尔及西伯利亚地带则建设了一批新兴的工业城市，推动了区域性城市化的发展。在第二个五年计划其间，苏联工业的消费品生产又比1932年增长99%，年均增长高达14.7%。如第一次世界大战前的1913年，工业消费品产量为100，1932年苏联为187，英国为101.3，德国为79.4；1937年苏联为373，相对西方国家，苏联工业消费品生产以无与伦比的高速度发展。1938年—1940年这战前三年，苏联工业消费品的生产仍以年均10%的速度增长。战后1946年—1950年间，则更以高达年均15.7%的速度增长。"二五"结束后的1937年苏联的工业总产值超过法、英、德，跃居欧洲第一位，仅次于美国，位居世界第二位；在整个国民经济中，社会主义成分在实践中已取得了彻底胜利，国家所有制和集体所有制成了苏联社会的经济基础；人民生活水平提高迅速，大幅度超过同期闹经济危机的西方；利用西方大萧条，大量吸引西方先进技术和技术人才，为经济发展增强了后劲。

面对德国、日本及意大利的扩军及随后国际局势的升温，1938年开始的第三个五年计划则集中发展军事工业。斯大林通过发展一些和军工业近似的民用工业，为即将到来的战争做充分的准备，如扩大农用履带拖拉机的生产，以便在战时可于短时间内利用其生产线来生产轻型坦克，同时扩大飞机生产为生产战机做准备。从1938年开始，苏联的飞机生产较上年度增加1倍有余，达7500架，翌年开始更保持在10000架以上。到了1940年，苏联的武器生产额仅次于德国，达50亿美元，已等同于英美两国武器生产额的总和，当时苏联并没有战争，而英德正在开战。第三个五年计划在1941年因德军入侵而中断。

斯大林模式的五年计划存在着对经济系统的高度控制，在产业所有权及管理方面，1936年国有制单位占有全国工业产值的97%，农业产值的76%（集体农庄占有另外的20%）；中央对国有企业占有90%；地方则只占有10%，存在着高度集中化。另外在实际生产上，中央的指令也贯彻整个生产过程，企业主管由中央委派、国有企业的财政预算及年度计划由中央审批、国家指令代替市场原则、按政府需要生产及分配资源，譬如以重工业优先，指令性经济计划完全体现其中。这个模式对社会主义阵营产生了深远的影响，对中国产生的影响尤为明显。

第三章　铁血大元帅

正在社会主义建设如火如荼地进行的时候，战争突然降临，面对法西斯发动的侵略，斯大林领导苏联人民进行了伟大的卫国战争，创造了世界上最艰难、最顽强、最英勇的反法西斯历史。

第一节　大战前的博弈

1925年，苏联制定了新的外交政策，这一新政策被称为是一段"喘息的时间"，并被解释为"苏联和资本主义国家之间一个长时期的所谓和平共处"。但斯大林明白，随着帝国主义国家之间力量对比的变化，必然会爆发重新瓜分世界的战争，斯大林当然希望战争局限在资本主义阵营内部，让他们狗咬狗，避免苏联过早地被卷入。但他相信战争已迫在眉睫，而且很可能在苏联还未来得及积聚力量之前就被它摧毁，正是出于这一考虑，他主张立即实现农业集体化和社会主义工业化，加强苏联的军事力量，同时在国际事务中围绕着尽可能地避免战争而展开进行。

1933年，希特勒在德国上台，战争的乌云开始在欧洲上空集结。希特勒公然表示对苏维埃的敌视，并提出对乌克兰和苏联其他国家领土的要求。尽管如此，在希特勒担任总理的最初几年，斯大林很少在公开场合谈论德国。但纳粹头子变得越来越好战和肆无忌惮。自此以后，斯大林就十分关注苏联边界的安全。1934年间，斯大林着手调整苏联的对外方针。9月，苏联加入了国际联盟，这是为寻求和平采取的一个步骤。斯大林力图建立一个东欧公约，按照这个公约，苏联、德国和东欧的国家都相互保证，当其中一国受到侵略时，其他国家将自动进行援助，但是，这个计划由于德国和波兰的反对而告失败。1935年，斯大林又开始寻求与西方结盟，苏联的宣传机构也开始宣传苏联是反法西斯和保卫和平的战士，这些做法对西方产生了影响，但遗憾的是没有完全消除西方资本主义国家一直对苏联保持的敌视态度。1936年

10月，柏林—罗马轴心形成，1936年11月25日，德国和日本签订了反对共产国际的条约，纳粹分子不断地发出敌视苏联的叫嚣。在东方，日本也不断在苏联边界上挑起事端，这使斯大林感到越来越大的压力，但他并没有被吓倒，他立即建议，由英、法、苏三国建立一个反德联合阵线，同时，为了摆脱孤立状态，避免卷入战争，苏联开始实行双重外交的策略，在积极争取建立反法西斯统一战线的同时，还与法西斯德国加强了接触。斯大林深深地认识到，苏联太需要和平了，因为一切还没有准备好，很难应付一场战争，同时也敏锐地感觉到发生战争是迟早的事。

斯大林指出，世界正处在新动荡的前夜，经济危机使战争危险迅速增大。德、意、日是侵略国，它们想依靠战争来摆脱萧条。他仔细分析了外交中的经济背景，强调了英美的经济优势和潜在的军事优势，他非常有把握地断定美国将卷入战争。同时他清晰地分析了由于意识形态的不同，资本主义国家想利用法西斯的势力来消灭社会主义，而他们渔翁得利。他严厉地抨击了西方国家用牺牲别国的利益安抚侵略者，以换取自己和平和安全的政策。他说："侵略国进行着战争，百般损害非侵略国的利益，首先是英国、法国、美国的利益，而英国、法国、美国却一再后退，接连向侵略者让步。这些国家搞这种妥协的原因是它们害怕打仗，想在侵略者和被侵略者之间保持中立，想让德国和苏联"互相削弱，互相消耗，然后，当它们疲惫不堪时，自己就以充沛的力量出台活动……并迫使那些筋疲力尽的交战国接受自己的条件。真是价廉物美呵！"他接着强调，虽然西方企图把俄国推出来与德国打仗，但我们之间打仗"还不靠谱"。最后，他阐述了对外政策的目标，所有这些政策都是从防止战争爆发或至少最大限度地推迟战争爆发时间的需要制定的。

在苏联继续敞开与英、法、美结成联盟的大门的同时，也没有排除同德国达成协议的可能性。8月23日德国外交部长里宾特洛甫来到莫斯科，当天夜里，斯大林亲自接见了这位德国外交部长，两国签订了互不侵犯条约，同时还签署了"秘密议定书"，条约的期限为10年。后来，斯大林在1941年7月3日发表的《广播演说》中评价与德国缔约的重要意义时说："我们同德国缔结了互不侵犯条约，得到了些什么呢？我们保证我国获得了一年半的和平，使我国有可能准备好自己的力量，在法西斯德国胆敢冒险违反条约进攻我国的情况下予以反击。这肯定是我们有所得，而法西斯德国有所失。"1939年9月1日，希特勒入侵波兰。两天后英法的最后通牒失效，两国都和德国宣战。战争已成为现实，斯大林加速了苏联的备战，征兵年龄从21岁降到19岁。在以后的几个月里，苏联武装部队的人数增加到420万以上，9月10日发布了局部动员令。同时开始了同日本的谈判，结束自1938年以来一直在蒙古和满洲边界上的战斗。莫洛托夫和日本大使举行了会谈，双方同意设立一个委员会以划定边界。斯大林始终密切注视着德国对波兰的入侵，他看到了德国军队机械化的威力。他在最高军事委员会的一次非正式会议上指出："拥有更多坦克和更多高度摩托化部队的一方将赢得战争的胜利。"他知道在这两方面，苏联红军都远远落后于德国军队，苏联的国防工业正在做出巨大努力，正在追赶上来。但这是需要时间的，每一个月都十分珍贵。斯大林在自己的工作日程上，每天都花很长时间用来研究军事建设的具体问题如：组织、技术、战略战术、干部、教育等问题。斯大林意识到，目前指挥军官奇缺，而这些军官的业务水平、战争素养明显落后于现代战争的要求。他曾拟定了关于建立新军校和增加军事学院学员人数的建议，到1940年，就成立了42所新的军事学校，军事学院的专业数目几乎增加了一倍，举办了为数众多的培训少尉的训练班。1941年2月，在斯大林的推荐下，朱可夫升任总参谋长一职。后来证明，将朱可夫提拔到最高军事领导集团，是斯大林在任用干部上最成功的决定之一，他既有天才，又诚实而且坚强，在第二次世界大战中显示了杰出的才能，发挥了重要作用。后来，朱可夫在斯大林逝世之后撰写的回忆录中所记载的许多事件中，他始终认为自己与斯大林的关系是建立在相互尊重的基础之上的，可以看出他把斯大林看作是具有非凡智慧的领导人，精通各种事务，包括军事。从1941年3月份开始，苏联采取了一次重要的外交行动，即缔结苏日中立条约。1938年以来，苏联同日本发生了连续不断的冲突。比较大的冲突有两次，一次是在哈桑湖附近，另一次在蒙古的哈拉欣河流域。当斯大林预感到战争风暴即将来临的时候，便设法缓和东面的紧张局势，防止身后被袭。1941年3月底，日本外相松冈应邀抵达莫斯科。然而，苏日之间的第一轮谈判没有取得进展，原因是日方坚持要苏联将库页岛卖给日本。斯大林参加了谈判，他默默地听着日本外相的发言，而后用一句简短的话回绝了外相的要求："这不是开玩笑吗？"谈判似乎已经破裂。4月8日，日本外相从德国返回莫斯科，再度同苏联领导人会谈，还是没有进展。13日，在他离开莫斯科的那天，终于妥协了，于是当晚便签订了苏日中立条约。斯大林对此感到满意，因为"这是避免在两条战线上同时作战的重要步骤"。而日本也达到了目的，它可以在"大东亚地区"放开手脚去干了。这个条约斯大林满意了，但它损害了中国人民的利益。条约的附件《声明书》中说："为了保证两国间的和平和友好发展的利益，苏联政府和日本政府庄严地声明苏联保证尊重满洲国的领土完整和不可侵犯，日本保证蒙古人民共和国的领土完整和不可侵犯。"斯大林在签约之后举行的宴会上，曾对日本大使馆海军武官说："这样一来，日本就可以放心地向南面推进了吧。"这客观上鼓励了日本扩大侵华的野心，也为日本向南推进、发动太平洋战争提供了便利。

随着德国在欧洲的侵略行为日益猖狂，斯大林明白战争不可避免，但他深感红军还没有做好充分准备，因此他竭尽全力用外交手段来防止战争在1941年爆发。1941年5月5日，斯大林在一次军事学院毕业典礼上讲到：目前的局势很严重，不能排除德国在不久的将来进攻苏联的可能性。他坦率地告诉他们，当前的红军还不够强大，还不能轻而易举地粉碎德军，我们仍然缺少现代化的坦克、飞机和其他装备，红军的官兵们仍在训练的过程之中。苏联政府正努力通过外交和其他办法把德国人拖到秋季甚至冬天的到来，争取把德国人的进攻推迟到1942年。如果苏联的策略获得成功，那么同纳粹德国的战争会在1942年发生，这就会赢得几个月的宝贵备军时间。斯大林虽然很努力，但战争还是没有如他所愿，在1941年爆发了。后来的事实证明，由于斯大林不相信希特勒敢同时在欧洲和苏联两条线上作战，过分依赖了外交手段，对于战争爆发日期预测得过分自信，战争准备不充分，导致了苏联在战争初期陷入极度的被动之中。

第二节　突如其来的战争

1941年6月22日，法西斯德国撕毁了《苏德互不侵犯条约》，向苏联发动了闪电进攻，苏德战争爆发。德军在北起波罗的海，南至黑海2000多公里的战线上，共出动190个师，约550万人、4300辆坦克、空军作战飞机4980架、海军舰艇192艘，分北、中、南三路发起攻击。在德军的突然打击之下，苏军措手不及，损失惨重，致使德军迅速突破苏军防线并且深入苏联境内，并在短短三周向苏联西部地区推进约600公里，占领了立陶宛、拉脱维亚、爱沙尼亚全部、白俄罗斯和乌克兰大部，占领的苏联领土相当于法国领土的两倍。由斯大林领导的伟大的苏联卫国战争全面爆发，在苏联卫国战争期间，斯大林作为苏联的最高统帅表现出了钢铁般的意志，朱可夫元帅称斯大林为"当之无愧的最高统帅"。1941年6月他担任了苏联国防委员会主席，成为了苏联武装部队的最高统帅。同年8月任苏联武装力量最高总司令。斯大林首先发出总军事委员会第2号命令，号召"各部队使用一切力量及手段进攻敌军并将其歼灭在侵犯苏联边界的地区"。他把自己的办公室作为战争期间的苏联武装部队的最高司令部，同时果断地下达了工业向东转移的命令，到1942年1月，仅用半年时间就把1523个工业企业向东迁移了几千公里，其中包括

1360个国防工厂。而且迅速恢复了生产，这项决策为苏联人民赢得卫国战争的伟大胜利起到了关键的作用。斯大林以超人的精力主持中央委员会、国防委员会、大本营的工作。战争初期，每天工作都在16小时以上。

在战争爆发初期的不利局势下，斯大林非常重视从精神上振奋苏联人民的必胜信心。为了鼓舞全国人民抗击法西斯侵略者斗志，斯大林向全国发表了历史性的广播讲话，他以领袖和朋友的姿态讲话，呼吁人民为捍卫民族尊严保卫祖国而战："同志们！公民们！兄弟姐妹们！我们的陆海军战士们！我的朋友们，我在向你们讲话！"斯大林客观地分析了当前的战争形势："问题在于德国是发动战争的国家，他的军队已经全面动员，德国用来对付苏联的170个师已经开进到苏联的边界上，而且处于充分准备的状态，只是在等待出动的信号，而苏联军队则需要动员和向国境线推进。斯大林告诫人们：'敌人是残酷无情的。他们的目的是要侵占我们用自己的汗水浇灌出来的土地，掠夺我们用自己的劳动获得的粮食和石油。他们的目的是要恢复地主政权，恢复沙皇制度……（把苏联各族人民）德意志化，把他们变成德国王公贵族的奴隶。’"他号召同入侵者展开最无情的斗争，消除后方的混乱和恐慌。同时，他还号召在沦陷区的人们要造成使敌人及其所有走狗无法安身的条件，步步追击他们，消灭他们，破坏他们的一切活动。斯大林的讲话使他们顿时产生了"巨大的热情和振奋了爱国之心"，成千上万的苏联人民受到了鼓舞，后来在作战中发挥杰出作用的费久宁斯基将军写道："我们一下子感到强大了许多。"

第三节　伟大的莫斯科保卫战

德军推进速度很快，步步紧逼，首都莫斯科已面临现实的威胁。面对在战争初期苏联遭到的巨大的物质、人员损失，斯大林表现出钢铁般的意志和坚韧不拔的品格，他下令把许多机关、科学和文化单位，以及外交使团向东疏散。敌人的逼近和大规模的撤离一度在市民中间引起恐慌，关于斯大林和政治局已经离开莫斯科的谣言也流传开来。他深知，只要军队、人民知道斯大林在莫斯科，就会给他们增添信心，他决心留在莫斯科直到最后一人离开。10月17日，中央委员会书记向全国广播说，斯大林本人就在莫斯科，同时，严厉地斥责了要放弃莫斯科的谣言。10月20日，国防委员会决定在莫斯科实行戒严，斯大林留在莫斯科的消息鼓舞了人民，"绝不放弃莫斯科"，"我们无路可退了"成了对每个苏联人的崇高的爱国主义的绝对命令，秩序很快得到恢复，街头呈现出沉着坚定的气氛，首都所有军民准备战斗到底。

在首都已岌岌可危的时候，也正是十月革命24周年纪念日，斯大林不顾个人安危，参加了在马雅科夫斯基车站举行的庆祝活动，并在集会上发表了讲话，同时立即广播发表。斯大林告诉人们，希特勒的闪电战已经在俄国失败，他对红军的力量和俄国人民的战斗力表示了最高的信心。苏联受到挫折是因为德国对苏德条约的背信弃义和突然袭击。另一个原因是缺乏坦克和飞机，他号召大量增加生产。斯大林鼓励大家，在反法西斯战争中，苏联并不孤立，英国和美国已表示支持。斯大林指出，德国人进行的是侵略的、非正义的战争，而苏联进行的是解放的、正义的战争。他愤怒地奚落德国的狂妄自大、刺耳的"超人"宣传以及对战俘的残忍和惨无人道的待遇。斯大林的演讲具有不同寻常的意义，他宣传俄国的伟大，唤起全国同胞的爱国主义热情和对敌人的仇恨。他用充满激愤的语调说："这一群丧尽天良、毫无人格、充满兽性的人恬不知耻地号召消灭伟大的俄罗斯民族，消灭普列汉诺夫和列宁、别林斯基和车尔尼雪夫斯基、普希金和托尔斯泰、格林卡和柴可夫斯基、高尔基和契诃夫、谢切诺夫和巴甫洛夫、列宾、苏利科夫和库图佐夫的民族！德国侵略者想对苏联各族人民进行歼灭战。好吧，既然德国人想进行歼灭战，他们就一定会得到歼灭战！今后我们的任务就是把侵入我们祖国领土的所有德国人——占领者，一个不剩地歼灭掉。对德国占领者决不留情！消灭德国占领者！"

1941年11月7日，斯大林冒着枪林弹雨，参加了在莫斯科红场举行的阅兵式，这一举动震惊世界，全世界都被斯大林的英雄气概所折服，受阅部队从红场直接开赴前线，极大地鼓舞了红军的士气。斯大林在富有激情的讲话中回顾了内战时期的艰难岁月："当时我国四分之三的领土都在外国武装干涉者手中，当时我们没有同盟国，我们没有正规军队，我们缺乏粮食，缺乏武器，缺乏服装。当时有14个国家围攻我们。……结果我们粉碎了武装干涉者，收复了全部失地，取得了胜利。"斯大林振奋地告诉大家现在的状况要比23年前好得多，因此，我们一定会战胜德国侵略者。"毫无疑问，德国是不能够长久挣扎下去的。再过几个月，再过半年，也许一年，希特勒德国一定会由于其罪行累累而崩溃。"他最后号召："你们进行的战争是解放战争，正义的战争！让我们的伟大祖先亚历山大·涅夫斯基、季米特里·顿斯科伊、库兹马·米宁、季米特里·波札尔斯基、亚历山大·苏沃洛夫、米哈伊尔·库图佐夫的英姿，在这次战争中鼓舞着你们吧！让伟大的列宁的胜利旗帜引导你们！消灭德国占领者！我们光荣的祖国、我们祖国的自由、我们祖国的独立万岁！"受阅的苏军部队随即从红场直接开赴前线。斯大林在极其危急时期两次讲话的文本迅速在军队和人民中散发，飞机也向敌占区空投了讲话文本，每个苏联人都如饥似渴地阅读了斯大林的讲话文本。这些讲话极大地振奋了军队和老百姓的士气，它表达了他们对自己祖国的热爱和对残暴、狂妄的敌人的仇恨，同时也产生了重大的国际影响。从1941年10月13日开始，在通向莫斯科的所有重要通道上都开展了英勇的阻击战。在近一个月的浴血搏斗中，德国法西斯军队只前进了200多公里。然而希特勒统帅部打算在10月中旬攻占莫斯科的计划破产了，敌人被拖得筋疲力尽，进攻的锐气在一天天消失。为了继续向莫斯科进攻，希特勒统帅部又增调了新的部队。11月15日开始了进攻莫斯科的最后一个阶段。在随后几天里，德国军队不顾一切，不惜一切代价，用坦克在先头开路，妄图冲进莫斯科，但在斯大林指挥的苏军防御面前一败涂地，德军对莫斯科的进攻在苏联军队的顽强抵抗下完全失败了，特勒不得不下令停止进攻。斯大林认为战略最重要的任务是规定基本打击方向，预先决定各次战役的性质。同时，实施积极防御，正确地组织退却和适时地实施反攻。建立强大的战略预备队。正确选择主要突击方向。集中优势兵力，协同作战，合围歼灭敌重兵集团。不给敌以喘息机会，广泛开展敌后游击战。德军的进攻在莫斯科城下彻底失败了，被打蒙了，已疲惫不堪，斯大林果断地下令进行反攻了。战斗进行得非常顺利，到1942年1月中旬，德国军队已被从莫斯科撵回，有些地方被赶回300英里之远。希特勒遭受了第二次世界大战以来的第一次惨痛失败。莫斯科保卫战不仅具有伟大的战略意义，更重要的是打破了德国不可战胜的神话，恢复了粉碎侵略者的信心，同时也产生了巨大的国际反响。与此同时，在1942年5月份，斯大林签发了国际委员会关于积极开展游击运动的决议。在各方面军和各军事委员会之下都建立了游击运动方面军司令，从此，游击运动肩负起各种重要的政治军事任务。

第四节　转折性的斯大林格勒战役

希特勒军队虽然在莫斯科受到了重创，但总体说来仍是有实力的。为了挽回败局，希特勒又命令德军从南面、西北部和北面同时向斯大林格勒挺进，苏军在一些地区受到了较大的挫折，一些部队在撤退时秩序混乱，甚至没有接到命令就擅自撤退，从而加剧局势的恶化。根据这一形势，1942年7月，斯大林以国防人民委员的名义发布了第227号命令。这个命令明确了对惊惶失措者和破坏纪律者进行严惩的强硬措施，坚决地谴责了"退却"情绪。命令提出了"不得后退一步"的要求必须成为作战部队的铁的纪律。由于加强了政治工作，这项命令更加有力了。一方面严惩，另一方面就得奖励。在要求有铁的纪律和牺牲精神的同时，最高统帅部采取措施提高军官的地位，激发他们的荣誉感和爱国主义精神，如设立了亚历山大·涅夫斯基勋章、苏沃洛夫勋章和库图佐夫勋章，作为专门授予军官的奖赏。1942年7月12日斯大林建立了新的斯大林格勒方面军，在通往斯大林格勒的接近地上展开了构筑防御地区和筑垒地区的工作，如同防御莫斯科时一样，千万名居民奋不顾身地参加了构筑防御地区的工作。德军在继续前进，但由于受到苏军顽强抵抗，举步维艰。

由于德军的迅速合围，斯大林格勒和整个南方都危在旦夕，处在危急状况下，盟国尚未作出能减缓斯大林格勒危急局势的有效行动，英国政府拒绝1942年在欧洲开辟第二战场，使得所有希望开辟第二战场的苏联人民遭受了精神上的打击，前线红军的处境更为困难，也使得苏联统帅部的计划遭受了破坏。斯大林深深认识到，如果放弃了斯大林格勒，苏军南部同中部的联系就将被切断，这不仅是斯大林格勒的灾难，而且还会失去一条水路干线，不久还将失去石油，因此，他带领苏联人民不得不在一种孤立的状态下抵抗法西斯来势汹汹的攻击。同时，希特勒也势在必得地要拿下这座城市，与其说是从战略上和经济上考虑，倒不如说更多地是从其他方面因素来考虑的，因为斯大林格勒更接近他们的主要战线，于是他从主要战线和其他地方抽调力量，力图攻克它。苏德军队进行了激烈战斗，斯大林每天都直接指挥战斗，最后进行了激烈的巷战，守城的苏军士兵和工人拼死抵抗，日日夜夜都在进行着空前激烈的搏斗，双方参战兵力达到200余万人，经历了200多天血腥的战斗，直到1943年2月，苏军以重大伤亡为代价最终守住了城市，这次会战以德军失败而宣告结束，德军在顿河、伏尔加河、斯大林格勒地域总共损失约150万人，3500辆坦克，12000门火炮，3000架飞机及大量的其他技术兵器。这些损失对希特勒德国的整个战略地位产生了极大的影响，并彻底动摇了其整个战争机器，此役被认为是苏德战场和第二次世界大战的历史性转折点，从而迫使希特勒转入战略防御。

斯大林格勒大会战是史诗般的事件。苏联军队的胜利标志着战争向有利于苏联的根本转折的开始。从此苏联完全掌握了战略主动权，并一直保持到战争结束。斯大林格勒的胜利还引起了巨大国际反响。在斯大林格勒会战后，反法西斯的力量终于获得了不可战胜的信心，而这种信心又在相当大程度上震撼、动摇了德国争取胜利的能力。在斯大林格勒会战胜利后，苏联军队乘胜前进，在许多战线上都取得了重大成果。希特勒军队受到重创，但还没有完全溃败。1943年2月23日，红军建军24周年之际，斯大林告诫："敌人的军队已受了强大的打击，可是敌人还没有被彻底打败。"他号召苏联陆军、海军和空军加倍努力，这一警告非常及时。

第五节　决胜性的库尔斯克战役

德军统帅部为了不使苏德战场的处境进一步恶化，调来了补充兵力，组织了对苏西南方面军的反攻。历史又一次证明了斯大林生产力东移决策的英明，苏联的工业自从1941年—1942年秋冬的大疏散以来，已取得了非凡的成果，工业的发展使苏联军队的武器装备有了极大的改进。此外，苏军的兵力不仅在数量上，而且在质量上都占了优势，特别是在战争中经受锻炼的新一代的指挥员已经成长起来，新的将军大都不超过40岁。

苏军将以纵深梯次防御的各种火力、航空兵的猛烈突击及战役和战略预备队的反突击迎击德军的进攻，消耗和拖垮进攻之敌。在此后的库尔斯克的胜利和反攻极大地鼓舞了苏联军民的士气，他们不仅粉碎了德军的夏季战役，而且摧毁了德军发动另一次大规模攻势的能力。法西斯当局无论采取什么措施也不再能弥补在库尔斯克战役中的损失，从这时起，德国人只能退却，采取防御的战略。但斯大林始终保持清醒的头脑，提防任何的盲目乐观和松懈。

1943年夏季，苏联和德国军队都将兵力集结在库尔斯克地区。那几个星期里，斯大林感到越来越紧张和担忧。斯大林猜想，德国的战略可能是从库尔斯克往东北打，从东面包围首都。1943年4月12日，斯大林召集最高统帅部会议，商讨采取什么战术，但是，意见不统一。斯大林到最后下定了决心，等待德国人发动进攻。苏军将以纵深梯次防御的各种火力、航空兵的猛烈突击及战役和战略预备队的反突击迎击德军的进攻，消耗和拖垮进攻之敌。然后在别尔哥罗德—哈尔科夫方向及奥廖尔方向上发起猛烈反攻以彻底粉碎敌人，随后即在所有最重要方向上发动深远的进攻战役。同年5月到6

月份，在斯大林的领导下，苏联所有地面部队和空军部队都进行了紧张的战斗准备。参加这次战役的西列夫斯基后来回忆：我很难一一列出国防委员会、最高统帅部和总参谋部为了准备库尔斯克突出部上的决定性会战而采取的各项巨大措施。这是一项巨大的、真正宏伟的工作。

这些措施中包括有：在库尔斯克方向上建立整个纵深为250公里—300公里。公里的多地带防御，将强大的最高统帅部战略预备队——草原方面军调到库尔斯克以东地域，向库尔斯克地域进行了整个战争期间规模最大的一次物资器材和部队的集中，组织了专门的空中战役以破坏敌人的交通和夺取制空权，加强游击队活动以便组织敌后的大规模破坏和搜集最重要的情报，实施了一整套措施以便在政治上保证红军当前的行动。1943年7月5日凌晨，德军发起了进攻，从奥廖尔向南以及从别尔哥罗德向北实施突击，企图合围在库尔斯克突出部内的苏中央方面军和沃罗涅日方面军。战斗激烈地进行了8天，双方所使用的坦克和火炮，其规模之大是战争史上从来没有过的。德军遭受了重大的损失，对苏军阵地已无能为力。他们经过精心策划的"堡垒"计划已经破产了。7月

12日，苏联军队开始发动反攻。先是布良斯克方面军和西方方面军，接着是中央方面军，在奥尔良地域展开三个方面军的猛烈进攻，经过连续作战，终于收复了乌克兰首都基辅，乘胜追击，德军的中央集团军被彻底分割，成了瓮中之鳖。这一战略为苏军后来在中欧和东南欧取得伟大的胜利奠定了基础。库尔斯克的胜利极大地鼓舞了苏联军民的士气，他们不仅粉碎了德军的最后的疯狂，而且彻底摧毁了德军发动大规模攻势的能力，希特勒无论采取什么措施也不能弥补在库尔斯克战役中的损失。从这时起，德军只能四处逃窜，采取防御的战略。但斯大林始终保持清醒的头脑，提防任何的盲目乐观和松懈。

第六节　建立反法西斯联盟

为了建立统一的反法西斯联盟，斯大林在外交上倾注了大量精力。斯大林明白，为了争取反法西斯战争的最后胜利，特别是为了保障战后持久的和平，必须将意识形态上的分歧放在一边，苏联和西方国家应当携起手来，建立一种坦诚的、相互信任的关系，为此，他作出了积极努力。斯大林在庆祝十月革命25周年大会上发表演说时强调："否认参加英苏美同盟的国家在意识形态上和社会制度上的差别，那是可笑的。但是，这是否就排斥这个同盟的成员国为了反对使它们受奴役威胁的共同敌人而采取共同行动的可能性和合理性呢？绝对不排斥。况且，已经造成的威胁，无条件地要求同盟的各成员国必须采取共同行动，以挽救人类免于倒退到野蛮时代和残暴的中世纪时代。"1943年5月，共产国际执行委员会主席团通过了解散共产国际的决议。斯大林在5月28日回答英国路透社记者提问的书面材料中表示："解散共产国际是正确的和适时的，因为这便于一切爱好自由的国家组织共同进攻去反对共同的敌人——希特勒主义。"他进一步解释，解散共产国际，既揭穿了希特勒提出所谓"莫斯科"企图干涉别国生活，使他们"布尔什维克化"的谎言；又揭穿了所谓"各国共产党似乎不是为了本国人民的利益，而是遵照外来的命令行事"的诬蔑，有利于使盟国及其他国家的联合统一战线，在争取战胜希特勒暴政的斗争中，得到进一步的巩固。斯大林的这两个行动体现了他的务实态度，而且在当时引起了良好的反响。尤其是共产国际的解散受到了西方国家的普遍欢迎，被看作是扫清了为达成真正的谅解的道路。对于斯大林来说，虽然在库尔斯克战役的胜利后，是否开辟第二战场已经不再是个非常迫切的事情了，但他还是真诚地谋求与盟国达成真正的谅解，因为他认为战后和平和世界稳定将取决于三大强国保持团结，于是，他迫切地想早日进行一次会晤。

1943年11月28日，在斯大林的积极参与下，举行了由英、美、苏首脑参加的具有历史意义的德黑兰会议，斯大林在会上表示："我想，我们是历史的宠儿。历史把最大的力量和最有利的条件交给了我们。我希望我们能想方设法在这次会议上本着合作的精神，充分地利用我们的人民赋予我们的力量和权力。现在就让我们干起来吧……"会议达成了由盟军开辟第二战场的协定，1943年12月1日，三国政府的首脑联合声明庄严地宣布："我们是怀着希望和决心到这里来的。我们离开这里时已成为事实上、精神上和志同道合的朋友。"这次成功的会议掀开了粉碎法西斯运动新篇章。1945年2月初，斯大林、罗斯福和丘吉尔在黑海之滨的雅尔塔举行会议。斯大林并没有因军事上的优势而盛气凌人，也没有采取强硬的态度。会议的主要议题之一就是讨论设立维持和平的世界性组织。根据罗斯福提出的方案，联合国安理会的每一成员国应各有一票。一切冲突可以分为两大类，一类是指需要加以经济、政治和军事制裁的；另一类是指那些可以采取和平手段解决的。只有安理会常任理事国一致同意才能实行制裁，这样，否决权就成为在安理会职能中的一个举足轻重的因素。斯大林对这一建议十分感兴趣，并要求使否决权更加严格，防止任何打消或削弱它的企图。他指出，"最大的危险就是我们自己之间发生冲突，因为如果我们保持团结，德国的威胁就不致十分严重。因此我们现在就要考虑如何保持我们将来的团结，如何保证三大国能够维持一条统一战线"，斯大林真诚地希望三大国团结一致，共管世界，同时坚决否认苏联有统治世界的意图。三位领导人都很坦率，除了波兰问题外，达成了广泛的谅解和协议。这次会议被称是一次"高速度、高马力的会议"，对战后的和平奠定了良好的基础。

第七节　攻克柏林

1944年，苏联军队发动了一次又一次的进攻，获得了一个接一个的胜利。斯大林称之为"十次突击"。这些攻势主要包括：1月，列宁格勒解围，苏军由诺夫哥罗德直插波罗的海沿岸。2月和3月，在收复基辅之后，苏军从第聂伯河推进到布格河和德涅斯特河。4月和5月，战斗转移到最南方，德军被逐出克里木和敖德萨。6月，在进入法国的同时，战斗又从战线的最南边转移到最北边，芬兰实际上已被击溃了。6月和7月，红军解放了维切希斯克和明斯克，并席卷到涅曼河和维斯杜拉河。7月和8月，苏军沿喀尔巴叶山继续推进到波兰南部。8月，苏联红军占领罗马尼亚，并推进到了保加利亚和匈牙利。9月和10月，主要战斗再次转移到北面的芬兰、爱沙尼亚和拉脱维亚。后来战斗中心又转回到南方，转回到喀尔巴阡山及其南面的匈牙利和斯洛伐克。在这一年，红军已经在人数和武器方面拥有相当大的优势，而且这种优势与日俱增。即使到了现在，斯大林也不像希特勒过去那样对闪电战抱有不切实际的幻想。他不企图进行那种横扫一切的气势磅礴的攻势，因为这种攻势虽然可能使敌人发生混乱并一举把它击溃，但是它也可能使进攻者的战线危险地拉长，并暴露了自己侧翼。胜利已经如此明显地在望，但是斯大林没有被胜利冲昏头脑，仍然表现得超级沉稳，他仍然毫不激动地谨慎从事。在整个一年中，他以惊人的规律性、力量和慎重，把战斗中心从北面转到南面，忽退忽进，就像一个拳击者有计划地狠揍对手，并不期望一击就把他打倒。他总是在精神上折磨希特勒，使他得老是在猜测，始终保持悬念，把自己的预备队抽去填补不断出现的缺口，始终想去应付新的威胁，在这一过程中消耗了自己的力量。"十次突击"在协同作战和时间的安排上就像钟表一样的准确，这证明斯大林总参谋部具有组织能力和系统的工作，这同1941年的无能和混乱形成了极为鲜明的对照。这一年的6月6日，英美军队在诺曼底胜利登陆，自此开辟了等待已久的第二战场。尽管这一天来得太迟，但斯大林仍然感到很高兴，他在《真理报》上发表了一篇充满对盟国新的友好精神的声明。他热情赞扬强渡英吉利海峡，在法国北部进行大规模登陆的行动是"我们盟军的毋庸置疑的辉煌胜利。必须承认，战争史上从来未曾有任何一次行动能在战略思想、战役规模和指挥艺术方面于此相比"。

斯大林非常重视攻克柏林的政治意义，亲自协调四个主要方面军的行动。1945年4月16日拂晓前，斯大林命令朱可夫和科涅夫的两个方面军开始最后的进攻。4月23日攻入城内。4月30日，苏军直捣德国国会大楼，希特勒自杀。经过浴血奋战，4月30日，苏联红军终于将胜利的红旗插上了国会大厦的屋顶。5月8日，德国无条件投降。5月8日午夜，德军最高统帅部代表凯特尔元帅签署了无条件投降书。投降书从1945年5月9日零时开始生效。从此，5月9日成为粉碎法西斯德国的胜利日。5月9日凌晨，朱可夫往莫斯科打电话给斯大林，向他报告了关于希特勒自杀和收到戈培尔建议停战的信的情况。斯大林回答说："完蛋啦，这个混蛋！可惜没能活着把他抓到。希特勒的尸体呢？……告诉他们，除无条件投降外，不要同克列勃斯或其他希特勒分子进行任何谈判。如果不发生特别情况，夜里别再打电话给我。我想休息一会儿。今天我们要举行五一节检阅。"也是5月9日凌晨，德军元帅威廉·凯特尔代表德国统帅部签订了无条件投降书，这一天被宣布为反法西斯胜利日。5月9日晚，斯大林发表广播讲话，将这一振奋人心的消息告诉全国人民。他在演说中说："我们为了我们祖国的自由和独立而遭到的巨大牺牲，我国人民在战争进程中所经受的无数苦难，为了祖国而在后方和前线进行的紧张劳动，这一切都没有白白过去，而是获得了完全战胜敌人的结果。各斯拉夫民族长期以来为了自身的生存和独立而进行的斗争，终于以战胜德国侵略者和德国暴政而告终了……我亲爱的同胞们！我向你们祝贺胜利！光荣属于保卫了我们祖国的独立和赢得对敌胜利的我们的英勇的红军！光荣属于我们伟大的人民，赢得胜利的人民！在同敌人作战中牺牲了的、为了我国人民的自由和幸福而献出了生命的英雄们永垂不朽！"5月24日，在克里姆林宫招待红军将领的盛大宴会上，斯大林再次发表讲话。他热情赞扬俄罗斯民族"是历史上苏联的所有民族中最杰出的民族"，赞扬俄罗斯人民是"苏联各族人民的领导力量"，赞扬他们拥有"清晰的头脑和坚韧不拔的性格和耐性"。斯大林特别感谢人民的信任。他说，当我们在战争初期不得不撤退时，"如果是其他国家的人，他们也许会对政府说：你们辜负了我们的期望，请走开吧，我们要另立一个能同德国讲和并保障我们的安宁的政府。但是俄罗斯人民没有这样做，因为他们相信自己政府的政策正确，而甘愿承受牺牲，以保证把德国击溃。俄罗斯人民对苏联政府的这种信任，成了我们打败人类公敌法西斯主义而取得历史性的胜利的决定性力量，感谢俄罗斯人民的这种信任！"

6月24日，在红场举行了规模盛大的胜利阅兵。斯大林站在列宁墓上，身旁是朱可夫元帅。阅兵由罗科索夫斯基指挥。这天正下着倾盆大雨，但丝毫没有使庆祝的盛况减色。步兵、骑兵和坦克兵带着无数面希特勒部队的军旗，通过泥泞的道路，由红场急驰而过。部队到陵墓下面时，把那些旗帜掷在斯大林的脚下。6月27日，斯大林荣获"苏联英雄"的称号，并被授予大元帅的头衔。斯大林的这些荣誉是当之无愧的。作为苏联各族人民的领袖，作为苏联红军的最高统帅，斯大林以其卓越的领导才能和坚韧不拔的意志，领导苏联人民赢得了反法西斯战争的最后胜利。

第四章　新生的盟主

随着德国法西斯主义的投降，持续多年的噩梦终于结束。艰难的卫国战争后，斯大林真诚希望建立一个和平与稳定的新时代来恢复战争的创伤，他真的是身心疲惫了。但命运又一次向他提出了新的挑战，使他万万没有想到的是，战争期间具有的合作精神和共同目的感在波茨坦泯灭了。

第一节　冷风袭来

为了处理战后欧洲的问题以及商议通过联合国建立一个世界和平与稳定的新时代，同盟国的三大国领导人于1945年7月在波茨坦会晤。与德黑兰和雅尔塔会议不同的是，不仅英美两国首脑发生了变更（罗斯福于1945年4月去世，哈里·杜鲁门担任了新总统；丘吉尔在会晤期间的国内大选中失利由艾德礼取而代之），而且曾经有过的合作精神和共同目标也随着德国法西斯的瓦解而泯灭了。

波茨坦会议于7月17日开幕，斯大林怀着寻求长期和平的真诚愿望参加这次会议。在波茨坦会议的第一天，杜鲁门就给丘吉尔私下透露了一条重要的消息：美国和英国的科学家小组研制的原子弹在墨西哥沙漠爆炸了。丘吉尔的第一个反应便是，西方列强的威力已大大加强，苏联的力量相应削弱，再也不需要苏联在远东参战了，或者说这种参战已是不可取了。远东将成为西方的、主要是美国的势力范围。而在拥有原子弹之前，美国人曾极力催促斯大林协助早日结束对日战争。在雅尔塔会议上，当斯大林答应在打败德国后的三个月内参战时，他们感到宽慰和高兴，并欣然同意了他的条件。一直到1945年5月8日霍普金斯访问莫斯科时，美国还在争取得到斯大林关于红军将协助打败日本的保证，美国也得到了这一保证。现在突然有了原子弹，杜鲁门想的就是如何拒绝苏联的援助，并积极筹划在苏联可能宣战之前就打败日本。一周以后，杜鲁门在全体会议之后走到斯大林跟前，把原子弹爆炸成功的消息告诉了他。

　　为了恢复和发展苏联经济，斯大林迫切需要和平与稳定的环境。他特别担心德国会迅速得到恢复，急于进行报复，再次发动对苏联的进攻。因此，早在战争结束以前，斯大林就采取了确保苏联支配东欧的政策，以便为对付来自西方的侵略树起一道屏障。然而，西方国家却不承认斯大林关心的只是建立一道防御屏障，作为政坛老手的丘吉尔认为，苏联在东欧的行动是企图控制全欧洲的一个前奏。杜鲁门有一次同斯大林的谈话中也表示过，"俄国似乎正在西进"。斯大林坚决反驳这一说法，他说，他没有这种打算，恰恰相反，他正在从西方撤军，首先在随后的四个月之内撤退200万军队。隐藏在这种怀疑背后的深刻原因是两种不同社会和政治制度的根本对立，一旦反希特勒的共同目标不存在了，西方资本主义国家就重又回到敌视苏联社会主义的立场上去。这种情绪被带到了波茨坦的会议上，以致斯大林认为波茨坦会议是"一次背叛"。斯大林当时没有提出什么问题，但他已经感觉到会议风向有点不对劲——盟国在态度上发生了变化。美国人和英国人一致相信，他们是从占压倒优势的实力地位出发进行谈判，因此，他们没有必要采取通融和谅解的态度。斯大林为此感到不安，并为盟国的忘恩负义之举深为恼火。他认为，如果不是苏联摧毁德国武装力量，英国早就被希特勒征服了，并且这场战火也许已经蔓延到北美洲，你们还不知道怎么狼狈不堪呢。在第二次世界大战中，苏联承担了反希特勒战争的主要重负，作出的牺牲是最大的。同盟国在1942年许诺开辟"第二战场"，但却以种种借口拖延到1943年，直至1944年6月才真正履行。即使是在开辟第二战场后，希特勒仍将德国军队的主力集中于东线，在分裂盟国的希望下继续着战争。当德国西部的一些城市已通过电话表示投降的时候，在东线的德军却仍在为坚守每一寸土地作激烈地挣扎。于是就产生了如下后果：英国死亡了37.5万人，美国死亡40.5万人，法国死亡60万人，而苏联死亡人数则高达2000多万。仅就列宁格勒被围时牺牲的军民而言，其人数就超过了英法美在大战中死亡人数的总和。至于在物质方面的损失就更无法估算了。苏联人口最集中、最富庶的地区都曾落入德国手中：1700多个城市、7万余个村镇化成了灰烬。在战火中，田园荒芜，工厂、铁路被毁，在数百万平方公里的土地上，只留下了废墟和悼亡的悲哀。1945年工农业所生产的财富，跌到了1940年的60％的水平。因此，苏联应当受到盟国的感激和尊敬，而不应当受到他们的怠慢和冷落。斯大林同时意识到，今后不得不依靠自己的力量医治战争创伤，修复家园。

针对苏联态度的改变还取决于美国军事和经济实力已大大强于苏联，在战争中损失较小的美国现在比以往任何时候都更强大、更富有，它的工业生产能力占了世界总和的一半，国民收入是苏联的四倍多。而更为关键的是，美国这时已经拥有了威力无比的原子弹。在总共十三次的全体会议上，三大国进行了广泛的讨论，许多问题被留给了和会或外长会议去决定。美国人和英国人强烈地批评苏联在被解放的国家，特别是罗马尼亚和保加利亚的政策。关于德国，同盟国早商量好将德国分成4个区，分别由美国、英国、苏联和法国管制，并把柏林作为第五个区由四国共管。德国不能有中央政府，涉及该国的全局性问题将由盟国管制委员会决定，这符合斯大林所坚持的德国不应被肢解，而应在四大国严格控制下保持统一的政策。但在波茨坦会议上，由于种种分歧，这一政策破产了，德国被分成了东德和西德。

第二节　"铁幕"降临

由于美国人企图阻止苏联参加对日战争，苏联与两个盟国之间的裂痕扩大了。1945年8月6日，美国向广岛投下了原子弹，不久又把这种"超级炸弹"投向了长崎。斯大林立刻意识到这一事件的可怕意义。因为日本人已经准备投降，即使不使用原子弹，即使苏联不宣战，也可能会在几天内放下武器。因此，斯大林意识到，美国人使用原子弹主要是给苏联人看的，是为了威胁苏联。贝尔纳斯后来承认，这枚原子弹与其说是针对日本，还不如说是为了使俄国在欧洲易于驾驭。斯大林现在感到，虽然苏联已摆脱了德国法西斯的蹂躏，可现在又面临着来自西方的一种可怕的新式武器的威胁。且美国富裕而强大，苏联则既穷又弱。一次新的战争，特别是使用现代武器的战争，就可能摧毁苏维埃政权。也就是这种担忧决定了斯大林在战后仍把政策重点放在重工业和国防工业上。

苏联军队在华西列夫斯基的率领下，迅速开进中国东北。华西列夫斯基的命令是，抢在美国人之前攻占斯大林在雅尔塔确定的地区。他驳回了日本天皇1945年8月14日的投降书，并于8月17日向日本关东军司令发出了他自己的最后通牒，要求在8月20日投降。在这几天里，苏联空降部队抢占了大连和旅顺港，并且进入了北朝鲜，与此同时，苏联太平洋舰队占领了萨哈林岛南部和千岛群岛。9月2日，在美国"密苏里"号战列舰上签订了日本正式投降书，斯大林派了一位不出名的将军参加了签字仪式。与此同时，斯大林在这一天向全国发表了广播讲话。他谈到了1904年—1905年的日俄战争。"当时俄国在对日战争中是战败了，"他说，"于是日本就……夺去了萨哈林南部，盘踞千岛群岛，并从而封锁了我国在东方的一切出海口……1904年俄军的失败，给人民留下了沉痛的回忆。我国人民相信并在等待着总有一天污点会被洗清。我们这些老一辈的人等待这一天，已经等了40年。而这一天终于到来了。"在随后的几个月里，苏联同西方国家的关系日趋紧张。斯大林相信，美国正在无情地威胁苏联。在伦敦、莫斯科和巴黎召开的起草和平条约和讨论战后问题的外长会议上，苏联因为在罗马尼亚、保加利亚、匈牙利和南斯拉夫实施的政策而遭到西方不断攻击。苏联代表解释说，苏联在东欧国家有友好的政府是为了安全；而西方国家无权将他们的民主概念强加给其他国家。但是，西方国家声称他们有这种权利，因为他们有军事力量。在他们看来，如果在那些国家实行民主选举就会组成反对共产党的政府，就可以遏制苏联在中欧和东欧以外扩大影响。之后，伊朗发生的一场冲突被斯大林看作是美国威胁的一个不祥之兆。战争初期，为了用先发制人的办法阻止亲德国的伊朗国王援助敌人从南面入侵苏联，英国和苏联部队占领了伊朗。后来，美国部队加入了盟军。在战争快要结束时，同盟国就占领军的撤退日期达成了协议。英国和美国的军队撤退了，但苏联军队迟迟未撤。西方盟国指责苏联人企图在伊朗建立一个亲苏政权。苏联回答说，苏联部队是为了向伊朗政权施加压力，要伊朗给予石油开采权，因为德国破坏了苏联的油田，造成石油极度缺乏。为了不使这场纠纷闹得太厉害，斯大林决定发扬一下风格，撤回了军队。然而，美国人立即带着美军进入伊朗，并派遣了军事和其他顾问。伊朗迅速被处以于美国的彻底支配之下。伊朗远离美国，而在苏联的边界线上，美国人却在那里建设军用设施。斯大林把这一点看作是美国公然对苏联的"侵略行径"，东西方进入了"冷战时期"。

之后，来自西方的冷风愈刮愈烈。1946年3月6日，丘吉尔在美国密苏里州富尔顿作了一次充满火药味的演说。当时杜鲁门也在场。尽管在开始演说时给予了斯大林极高的评价，"衷心地钦佩和感谢英勇的苏联人民和我的战友斯大林元帅"，但他马上警告说，在西方民主制的上空笼罩着"红色的威胁"。不过，"上帝保佑，美国已登上了世界强国之巅"，因而我们有了粉碎"那些居心不良的人们的阴谋和强大民族的侵略意图"的希望。丘吉尔宣称，"从波罗的海的斯德丁到亚得里亚海的里雅斯特，欧洲大陆上空降下了一层铁幕"。这一著名的"铁幕演说"鼓吹美国、英国和英联邦国家组成一个强大的政治和军事"互助会"，以维持均势和保障和平。

斯大林对这种露骨的挑衅深感震惊，他严词驳斥丘吉尔的讲演是"一个危险的行动，旨在同盟国之间挑拨离间和阻碍协作。它损害了和平和安全的事业。丘吉尔先生现已采取了战争贩子的立场"。从1946年开始,"冷战"在不断升级。斯大林认为消除美国的核垄断势在必行,于是,立刻下达加紧原子弹的研究的命令。这一年,苏联进行了第一次链式反应试验,第二年第一座核反应堆就开始工作了。1947年3月12日,杜鲁门宣布了他的遏制苏联的主张。这项政策深受美国外交家和历史学家乔治·凯南的思想的影响。乔治·凯南认为,共产主义是一种邪恶的信条,同俄国的传统是格格不入的,苏联领导人是依靠武力来维持政权。杜鲁门声称要派军队到希腊和土耳其去遏制共产主义,共产主义世界和资本主义世界之间的裂痕越来越大,双方开始相互仇视,互相指责。在此后的两三年中,两个集团危险处于军事冲突的千钧一发之际,斯大林感到了孤军奋战的威胁,于是战后国际关系中的一种激烈对抗的形式冷战拉开了序幕,这是社会主义国家与资本主义国家对峙的一种重要形式。在冷战中,以美国为首的西方阵营对社会主义国家采用除直接的武装进攻以外的一切敌对活动。1947年,美国提出复兴欧洲计划,即马歇尔计划,进一步实现同西欧结盟,遏制苏联。1949年,美国又提出"第四点计划",实质是利用援助的方式对不发达国家进行渗透来控制不发达国家，是一种新的殖民主义。之后，美国又拼凑了"日美安全保障条约"等组织，形成了美国控制下的对社会主义国家的包围圈。1949年4月，美国等12国成立了北大西洋公约组织。北约组织打着集体防御和维护北大西洋区域安全的旗号，实际上是一个旨在遏制苏联的军事集团。

第三节　建立社会主义阵营

杜鲁门的"遏制"政策和苏联的友好态度被美国回绝，在苏联内部引起和激发了偏激的爱国主义，与此同时抨击了有碍这种民族情感的"世界主义"。令苏联人不能接受的是：他们为了共同的胜利付出了比所有盟国加在一起还要大的代价，而胜利却没有使他们能够参加建立世界和平，反倒使他们陷入一种新的敌意的包围，这种包围是由那时尚握有原子弹垄断权的美国所建立的基地构成的，而且美国竟把任何除了美国自己的扩张以外的"扩张"都诬蔑为"侵略"。面对美国和西方其他国家政治上的孤立和敌视、意识形态上的攻击与诬蔑、经济上的制裁与封锁、军事上的包围与威胁，为了加强各国共产党间的相互支持，壮大自己集团的实力，1947年9月22日—27日在波兰召开了欧洲九国共产党代表会议。与会者一致同意建立一个协调中心，这样，在共产国际解散4年之后，共产党和工人党情报局于1947年9月成立了。随着华盛顿冷战政策的不断深化，莫斯科加紧了对东欧的控制，任何想独立处理内外政策的做法都被认为是背叛行为。正是在这一大背景下，出现了把南斯拉夫粗暴地开除出共产主义大家庭的令人痛心的事情。事情起因于东欧一些国家事先没有同莫斯科进行商量而自行采取了一系列行动，如筹备保加利亚和南斯拉夫友好条约；南斯拉夫的一个航空团被派往阿尔巴尼亚；季米特洛夫在新闻记者招待会上作了关于将来建立欧洲人民民主国家联邦式联邦的原则可能性的声明，等等，结果激怒了斯大林。1948年2月10日，在斯大林的建议下进行了有苏联、保加利亚和南斯拉夫三方参加的会谈。斯大林一开始就非常气愤地对在对外政策问题上出现的分歧表示不满。他认为保加利亚和南斯拉夫所采取的某些措施是特殊的对外政策路线。保加利亚人和南斯拉夫人不接受这种责难，斯大林又提出建立保加利亚和南斯拉夫联邦的建议。这些建议都以目前条件还不成熟而被拒绝，分歧由此公开化。苏联从南斯拉夫召回了军事顾问，斯大林给南斯拉夫领导人发去了措辞强硬的书信，他还决定使情报局卷入争论，并最终把南斯拉夫开除出共产党和工人党情报局。1949年成立了经济互助委员会；1950年，中苏签订了《中苏友好同盟互助条约》，同时，社会主义国家之间也纷纷加强政治、经济、军事联系，欧亚社会主义国家和人民民主国家联成了一片。

1950年—1953年，美国在朝鲜战争中的失败，标志着美国的世界领导地位开始走下坡路，先是在亚洲，然后在欧洲。东西方的军事僵局开始形成。这使得斯大林和苏联人民看到了和平的曙光，并发动了声势浩大的"和平攻势"。1952年12月28日《纽约时报》写道："克里姆林宫的和平攻势给西方出了难题。"1952年，斯大林坚持"和平共处是可能的"谈话，曾经三次震撼了股票市场。苏联也成了要求禁止原子弹的和平呼吁书的创始人。苏联人民重新同其他国家的人民在一起，通过斯德哥尔摩和平呼吁书、五大国和平公约建议、和平保卫者宣言，为建立和平的世界大家庭进行努力。后来斯大林在晚年发表了《苏联社会主义经济问题》，论述了世界形势及其发展前途。他说，第二次世界大战的经济结果是"统一的世界市场的瓦解"，以及为"两个平行的也是互相对立的世界市场"所代替。苏联集团，为西方所强加的封锁所迫，已经加强了自己的经济，填补了空缺，现在有了它自己的世界市场。资本主义世界市场由于它自己拒绝同苏联进行贸易而缩小，还将更趋缩小，而这将加剧资本主义世界内部的矛盾。他说道，苏联不会进攻资本主义国家，而且它们也知道这一点。这句话他过去曾经讲过，但是他第一次加上了这样的预言，即资本主义各国将害怕进攻苏联，因为这将使资本主义毁灭。所以，他得出结论说，资本主义国家之间发生战争比资本主义阵营同社会主义阵营之间发生战争的可能性更大。

1955年5月5日联邦德国正式加入了北约，1955年5月14日华沙条约组织成立，签订了《阿尔巴尼亚人民共和国、保加利亚人民共和国、匈牙利人民共和国、德意志民主共和国、波兰人民共和国、罗马尼亚人民共和国、苏维埃社会主义共和国联盟、捷克斯洛伐克共和国友好合作互助条约》，1955年6月5日生效，有效期20年。至此，在欧洲就形成了北约和华约两大军事集团对立，在全球就出现了帝国主义阵营与社会主义阵营全面对抗的局面，世界政治形成了两极格局。两大阵营形成后，在政治、经济、军事、意识形态等方面展开了激烈的斗争。社会主义阵营的规模有了很大发展，东欧—苏联—中国等连成很大的一片。前期在战争恢复和基本建设方面发挥了人民群众积极性高和计划经济统筹力强的优势，取得较大成就。特别是原来工业落后的国家，例如中国，在苏联援助下，以较高的速度，建立了初具规模的工业体系。在这段时期，人民的生活水平提高也较快。苏联在1949年9月爆炸了第一颗原子弹，美国的原子弹垄断宣告不复存在，从而奠定了战略均势的基础。

第四节　历史性的影响

不能不说社会主义阵营的成立、壮大和分裂与斯大林是分不开的。

一是从社会主义指导思想看，继列宁之后，斯大林作为权力角逐的胜利者，在特定历史时期、特殊国内外形势下以马克思列宁主义为指导，将关注的重心从革命夺权转移到一国建设，加速了马克思主义的俄国化进程，形成了系统而独特的社会主义建设思想。在中国，毛泽东在落后的农业大国探索社会主义道路，推动了马克思主义中国化进程，斯大林思想对毛泽东的实践探索产生过重大影响，毛泽东在特殊国情下发展了马克思列宁主义，使社会主义思想在东方国家演进到了新阶段。邓小平在和平与发展的时代背景下总结社会主义实践经验，促进了中国特色社会主义理论的形成，使社会主义思想在当代中国发展到了新阶段。20世纪的社会主义思想顺应时代潮流，适应社会变迁，在思想理论与社会实践的互动中激荡勇进。

纵观20世纪社会主义思想演进史，斯大林思想在这一进程中居于重要地位。它承前启后，深刻影响了社会主义的发展进程，回答了社会主义实践探索中提出的一系列重大问题，反映出特定历史时期和具体国情下对社会主义的认知水平。斯大林思想与马克思列宁主义既有一脉相承的历史关联，又在诸多理论观点上存在显著区别，其在特定历史条件下的探索对后来的社会主义思想产生了深远影响。斯大林领导下的苏联在社会主义力量中实力最强，世界社会主义的左翼基本上是以斯大林所理解和发挥的马克思列宁主义为指导的，斯大林对马克思列宁主义的领悟程度、认知水平在相当程度上制约并影响着世界社会主义的发展。毋庸置疑，20世纪世界社会主义思想演进的图谱上刻有斯大林思想的深刻烙印。

苏联在斯大林思想指导下工业化和现代化成就巨大，在反法西斯战争中也功绩赫赫，取得了卫国战争的胜利，这使社会主义制度在前无古人的实践中初步显示出比较优势。二战后新确立社会主义制度的国家积极学习借鉴斯大林社会主义建设思想，多数国家以其指导本国社会主义建设，使社会主义事业在复杂形势下起步并发展。无论后来发展状况怎样、命运如何，可以说，没有斯大林思想的启发就没有20世纪苏联以外各国社会主义建设思想的产生、发展及创新，斯大林思想在很大程度上启发了东方落后国家进行社会主义建设，进而实现工业化、现代化的实践探索。许多同时代的社会主义思想理论家、社会活动家在理论探索和社会实践中深受斯大林思想启迪，其社会主义观和最初的实践探索也带有斯大林思想的印记。东欧各社会主义国家在建国初期受此影响甚为明显，毛泽东建国初期的社会主义建设思想及朝鲜金日成的思想都受到斯大林社会主义建设思想的深刻影响。

二是从20世纪世界社会主义运动的推进上看，从1920年代中后期开始，作为世界社会主义运动左翼的国际共产主义运动很大程度上是在斯大林思想的引领下推进的。斯大林对马克思列宁主义关于工人运动和社会主义运动思想的理解和发挥贯穿在整个国际共产主义运动中，影响着整个运动的进展。20世纪中叶前后，世界社会主义运动发展到高潮时，斯大林思想正是当时左右运动发展的主导思想。

后列宁时代，共产国际的活动构成了20世纪20年代至40年代国际工人运动和国际共产主义运动的一个重要方面和重要内容，对这一时期及其后的世界历史产生过重大影响。而这一以推动世界革命、保卫苏联、促进实现世界苏维埃社会主义共和国联盟为己任的世界性共产党在思想上、政治上、组织上和财政上都处在联共（布）中央政治局的严密控制之下。从20年代末掌握苏联实权到1943年6月共产国际解散，斯大林一直是共产国际的实际掌舵人。共产国际的绝大多数重大决策、人事安排基本都由斯大林最后拍板，他的思想倾向、理论观点直接左右着这个国际共产主义运动"总司令部"的活动。

20世纪三四十年代，世界社会主义运动与世界反法西斯运动趋于合流，世界社会主义力量在世界反法西斯斗争中发挥了极大作用，其中最为重要的是苏联作为世界社会主义力量中心和大本营取得了反法西斯卫国战争的胜利，为世界反法西斯战争全面胜利奠定基础。斯大林及其思想在苏联反法西斯战争中的统领作用和指导意义无疑是巨大的，尽管在战争初期出现过严重失误，而最终的胜利证明了其强大的凝聚力和感召力，以及在特定历史条件下的合理性。

二战后，东欧人民民主国家的建立及其后向社会主义的过渡都是与斯大林主政下的苏联的干预分不开的。正如毛泽东所言，东欧这块土地是苏联的犁犁开的。绝大多数东欧国家（南斯拉夫除外）是在二战后期由苏联红军解放的，新建人民民主国家的许多领导人的国家建构设想也在斯大林的压力或干预下改变，最终迅速完成向社会主义过渡，照搬了斯大林的国家建构模式。在斯大林思想统领下，东欧国家社会主义建设快速起步。斯大林去世后，东欧国家开始了社会主义改革运动，改革的目标也直指斯大林社会主义建设思想影响下产生的严重弊端。

1947年9月由苏联主导创建的战后欧洲共产党国际组织——共产党工人党情报局，以及50年代形成的以苏联为首的社会主义阵营无疑也受斯大林思想深刻影响。莫斯科成立情报局的最初构想主要是基于一种隶属关系，即苏联在欧洲势力范围内的各国共产党的利益必须绝对服从联共（布）利益。从1947年9月到1950年，苏联一直在实质上掌控着情报局，情报局的活动凸显出斯大林大党主义、大国沙文主义倾向。苏联积极推动建立与以美国为首的资本主义阵营对抗的社会主义阵营，也是以斯大林基于社会主义与资本主义两制关系思想为依据。

此外，20世纪世界社会主义运动内部的矛盾纷争也与斯大林思想联系密切。这些矛盾纷争主要有三个方面：一是世界共产党与社会民主党、共产国际与社会主义工人国际的相互敌对；二是共产党与托派共产主义者的对立敌视；三是国际共产主义运动内部的争论及阵营的分裂，主要表现为苏南冲突和中苏大论战。共产党与社会民主党的紧张敌视关系虽源于社会主义发展史上的观点、路线分歧，但在斯大林主政时期这也与其教条主义和关门主义思想密切相关。托洛茨基是斯大林登上权力巅峰的主要政敌之一，政治权力斗争的失败已经注定托派的最终归宿，作为政治上的胜利者，斯大林亦成为思想理论上的终极权威，他对托洛茨基派的敌视态度深刻地影响了共产党人与托派共产主义者的关系。1948年发生的苏南冲突表现出斯大林思想与铁托思想的矛盾与斗争，冲突背后隐藏着斯大林思想中深刻的大党主义、大国沙文主义情结；在如何评价斯大林问题上引发的意识形态分歧也成为20世纪50年代中后期国际共产主义运动内部发生的以中苏两党为主要代表、几乎席卷所有共产党和工人党的大论战的起源之一，而在大论战最初，意识形态问题比起边界问题要更为重要。

三是从20世纪社会主义制度的实践上看，斯大林思想对建立和完善崭新的社会主义制度，并在展现制度优越性等方面有重要贡献。斯大林对社会主义制度的建立和完善进行了初步探索，形成了历史上第一个社会主义制度模式。马克思恩格斯批判继承人类优秀文化遗产，创立科学社会主义理论，完成了社会主义从空想到科学的发展。列宁领导俄国无产阶级取得十月社会主义革命胜利，实现了社会主义从理论形态到现实实践的飞跃，由于过早离世，未领导建立完整的社会主义制度。第一个在经济文化落后国家探索社会主义制度实践的是斯大林。他把马恩零散的关于未来社会的探讨性论断、自己对列宁主义的认识和领悟与苏联具体国情结合，对确立基本制度进行初步探索，这本身就是一项创新性实验。就斯大林将零散论述变成具体的系统实践这一点来说，不论正确与否，他是世界上第一位社会主义制度实践的伟大探索者，功不可没。在斯大林思想引领下，苏联工业化、现代化建设成就重大，形成了社会主义制度的第一个实践模式——苏联模式。从科学理论诞生到社会主义革命取得胜利并巩固，再到完整的社会主义制度确立，这是世界社会主义史上的里程碑。

首创的社会主义制度是一种新型社会制度，较资本主义制度是一种制度创新。这一社会制度直指资本主义的制度性弊病，消灭了私有制和剥削阶级，实行全民所有制和集体所有制两种社会主义公有制形式，坚持工人及其政党的领导，实行无产阶级专政；克服资本主义市场经济的盲目性、无计划性，对国民经济实行计划化管理，建立计划经济体制；实行按劳分配，"不劳动者不得食"，实行公费医疗、公费教育，实现了男女平等，同工同酬等。从理论上说，这是人类社会制度发展史上前无古人的变革，是人类政治制度文明发展的新成果。与资本主义制度比较，社会主义制度更具合理性、优越性。

社会主义制度在当时历史时段表现出三大优越性：首先，1929年—1933年资本主义经济危机时的比较性优势。资本主义制度应对危机力不从心，初创的社会主义制度却在世界经济惨淡的年代风景独好。苏联社会主义制度实践也为资本主义克服危机、走出低谷提供借鉴。资本主义国家在计划经济体制启迪下，加强国家宏观计划对经济的调控作用，有效缓解了危机。其次，二战中反法西斯斗争的贡献。苏联作为反法西斯的主导力量，制度的优越性在关乎人类命运的战争中再次显现，无论是战前军事工业的积累筹备，战争中最广泛的社会动员、机动的全局部署，还是战后国家经济的迅速恢复，社会主义制度都为此提供了重要保证。最后，经济文化落后国家实现现代化的制度比较优势。苏联开启的社会主义现代化道路是人类现代化进程中新的路经选择，是一条崎岖之路，它表明资本主义现代化道路不是现代化的唯一道路。许多落后国家在"西化"影响下推行现代化，结果却成为发达资本主义国家的经济附庸。社会主义的制度性优势确保落后国家开辟出一条独立自主的发展道路。

受斯大林的影响也直接导致了现实社会主义制度在实践探索中的诸多弊端。它主要表现在以下四个方面：

一是现实社会主义制度在政治体制上深受斯大林思想中封建专制主义的影响。历史上，俄罗斯帝国是落后的封建农奴制国家，专制主义影响根深蒂固，斯大林思想中也有浓厚的专制主义遗毒。在列宁尚未去世但已不能主持工作时，斯大林运用手中掌握的"无限权力"，特别是分配干部的权力，创立了官僚等级名录制。在其领导下逐步建立的有严重弊病的具体政治体制主要有十种：个人集权制，职务终身制，指定接班人制，等级授职制，官僚特权制，消灭异己制，监控干群制，一党专政制，以党代政制，控制选举制。他首次开创的政治体制严重违背了马克思列宁主义关于社会主义民主政治的思想，过度集权，严重缺少社会主义民主法制。由于苏联是第一个社会主义国家，斯大林带头实行的领袖终身制、个人集权制、指定接班人制使现实社会主义国家的政治体制带有君主专制的鲜明特点。

东欧东亚国家走上社会主义道路后，斯大林式的政治体制很快国际化，其他社会主义国家大都照抄照搬，也建立起过度集权、党政一体的政治制度。有的国家虽一开始没有照搬（如中国），但随着社会主义过渡的迅速完成，也基本上斯大林化，与过度集权的政治体制异曲同工。首批建立的社会主义制度一开始就蒙有过度集权的专制色彩。这也与社会主义首先在一批落后国家实现大有关系——各国普遍存在封建专制主义土壤。而随着制度实践的深入推进，政治体制改革便尖锐地摆在各国面前。在20世纪下半叶掀起的社会主义改革大潮中，许多国家在改革中不恰当地触碰政治体制，发生制度灭亡的后果。现存社会主义国家的政治制度仍面临着同样的改革困境。如何革去社会主义政治制度中的封建专制遗毒，消除斯大林式政治体制后遗症的影响，实现制度创新，对现存社会主义国家来说仍任重而道远。

二是现实社会主义制度在经济体制上深受斯大林指令性计划经济思想的影响。1929年，斯大林领导苏联实施第一个五年计划，计划经济体制由此逐步形成。1932年，苏联经济管理方式完全转向行政指令性调节。通过农业全盘集体化运动又建立起集体农庄制度。1930年，在斯大林经济思想指导下的一种完全排斥市场作用、以部门计划管理为主的指令性计划经济体制形成。它是斯大林不顾生产力发展水平，教条式对待马克思主义，违背列宁晚年经济思想，在复杂形势下形成的。二战后，随着斯大林模式的国际化，其他社会主义国家也大都照搬了指令性计划经济体制。在战后初期经济凋敝情况下，也曾起到过积极作用，促进了社会主义建设在艰难中起步。但此后经济体制的弊端越来越明显，主要通过经常性群众动员、劳动竞赛和价值观教育进行社会主义建设，缺乏物质激励机制，无法调动生产积极性，生产效率低下，社会主义制度优越性得不到体现。而资本主义国家充分利用战后新科技革命成果，实行主要依靠市场调节、政府有限调控的经济体制，经济发展迅速。社会主义各国大都已意识到经济体制改革的必要性和急迫性，但却囿于僵化的传统体制、保守的思想认识以及大国霸权而难以启动或仅是昙花一现，光突破计划经济与市场经济的传统观念就耗费了20多年时间。制度的竞争归根到底是效率的竞争，一种效率低下的经济体制，又不顺应时代潮流适时改革创新，只能在制度竞争中失败。苏东剧变的重要原因之一就是国内经济长期没搞好，在与西方竞争中被逐步拖垮。以中国、越南为代表的现存社会主义国家的经济体制改革已取得突破性进展，根本上摆脱了斯大林经济思想的束缚，取得了举世瞩目的成就。也有的现存社会主义国家受各种因素制约，经济体制改革尚未迈出大步。变革传统僵化体制、进行经济制度的革新是当代世界社会主义改革的潮流。

三是现实社会主义制度在文化体制上受到斯大林过度集权文化管制思想影响。斯大林在文化领域的集权化表现遍布苏联文化各界，大到对各类科学研究的严密控制，小到对一本书、一部电影是非的评论，背后大都有政治领导人的参与或包办。对客观中立的学术研究频繁进行行政干预，乱扣政治帽子，将学术问题当作政治倾向进行批判，把学术争论意识形态化。社会主义文化成了政治领导人钦定的"节目"。在斯大林文化集权思想影响下，其他社会主义国家在文化制度上保守性强、意识形态色彩浓厚，各国政治领导人既是党的领袖，也是"引领"思想文化方向的"舵手"。社会主义国家大都是在科学社会主义理论指导下取得革命胜利、进行制度建构的，科学社会主义理论从诞生之日起就是一个开放的理论体系，具有与时俱进、广泛吸纳人类优秀文明成果的品格。社会主义制度的建立无疑为思想文化的大发展提供了舞台，但现实社会主义国家的文化却从一开始就显现出僵化、保守的特征，社会主义文化内在的先进性得不到体现，在自我诠释和人为束缚下，有的甚至游离出人类主流文化、普遍价值的轨道。

四是现实社会主义制度在对外政策上深受斯大林外交思想中的封闭性和大国主义、大党主义影响。斯大林在特殊环境中违背列宁晚年两制关系思想，关起门来搞建设，与资本主义全面对抗，开创了一国独立建设并实现社会主义的道路。二战后，共同敌人消失，两制关系骤然紧张，斯大林推动建立世界社会主义阵营，与资本主义阵营全面冷战对峙。他还提出"两个平行市场"理论，在对外经济关系中只发展与社会主义国家的经济关系，而与资本主义国家相互封锁。这些封闭性影响了社会主义国家正确处理与资本主义的关系，导致各国一致排斥资本主义制度文明，未能充分借鉴资本主义先进制度的成果，在与资本主义制度的比较和竞争中长期处于劣势。在处理社会主义国家间关系上，各国也深受斯大林大国主义、大党主义影响。中苏两党大论战、中苏两国关系恶化也在很大程度上缘起于苏共、苏联大党主义、大国主义的传统倾向；1978年越南出兵柬埔寨也带有深刻的大国主义色彩。社会主义国家正确处理两制关系以及社会主义国家间的关系至关重要，20世纪80年代后，主要社会主义国家逐步推行对外开放，吸取历史教训，突破大国主义、大党主义影响，党际关系及国家间关系得到显著改善。

第五章　斯大林与中国

斯大林可以说是对中国影响最大的外国元首，在中国历史发展的不同阶段采取了一系列多变的对华政策，对中国的独立、发展和建设意义十分重大。

第一节　三个条约的签订

1923年至1924年间，斯大林在支持和援助孙中山领导的南方革命政权的同时，又与北京政府建立了外交关系。1927年4月，蒋介石在北伐中途公开实行反苏反共政策，致使苏联与即将取得全国政权的国民党之间的关系破裂。几乎与此同时，北洋军阀张作霖在北京强行搜查苏联驻华大使馆，引起苏联政府的严重抗议并撤回驻华代表。1929年7月，中苏两国因中东铁路发生冲突，双方完全断绝外交关系。九一八事变爆发后，苏联看出了日本对中国领土的狼子野心和对本国安全的潜在威胁，两国冰封的外交开始解冻。1932年底，中苏正式恢复外交关系。但是，两国复交后并没有和谐相处、共同御敌。复杂的国际环境使得两国各自打着如意算盘，对方只不过是自己的一颗棋子而已。

中苏的复杂外交惹得日本大为不满，它在中东铁路问题上对苏采取强硬态度。斯大林为了防止发生远东战争，不愿意与日本直接冲突，决定对日妥协，将中东铁路售于日本扶植下的"满洲国"政府。1935年华北事变，德日意法西斯轴心逐步形成，不过在战争初期却很少有西方国家愿意援助中国，引火烧身。1937年，卢沟桥事变爆发，标志着日本全面侵华的开始，蒋介石迫切希望把苏联拉入对日作战的队伍。而斯大林的战略目标也十分明确，即通过中国的有效抵抗来拖住日本，使其无力侵犯苏联远东地区。即使是中国失利也不能出现联日反苏的格局。于是，在8月13日，淞沪战争爆发的8天后，《中苏互不侵犯条约》签订。此条约的签订，极大鼓舞了中国人民的抗日斗志，打击日本的侵略气焰。根据这一条约，苏联不仅对中国的抗战给予道义支持，也提供了大量军事援助。截至1941年6月苏德战争爆发时止，中国利用苏联信用借款所购卖的飞机及主要军火物资为：各类飞机904架，其中轻重轰炸机318架，坦克82辆，汽车1526辆，牵引车24辆，各类大炮1190门，轻重机关枪9720挺，步枪5万支，步枪子弹16700多万发，机枪子弹1700多万发，炸弹31100颗，炮弹187万多发，以及飞机发动机及全套备用零件，汽油等军火物资等。为了运输物资，苏联还修建全长2925公里、穿越新疆的公路，此后又延伸到咸阳。大批军事顾问和技术专家自1937年底开始陆续来华，并指导和培训了约9万名中国军事学员。在抗日空战中，苏联航空志愿队2000名队员来华，其中有200多名飞行员捐躯中国抗日战场，这对中国人民是极大的鼓舞。

1941年4月13日在苏联为了避免东西两线作战，日本为减少北方压力而实施南进战略的背景下，以牺牲中国的国家利益为前提签订了《苏日中立条约》，指出了日本的势力范围是内蒙古与中国华北，而苏联的势力范围是蒙古人民共和国与新疆。《苏日中立条约》的签订作为二战期间苏日关系和国际关系中的一个重大事件，使苏日双方都避免两线作战。但从苏日双方签约的动机、谈判的中心议题乃至条约的内容看，都是围绕着中国问题而展开的。因此，《苏日中立条约》是苏日双方牺牲中国利益、干涉中国主权而达成的交易，而且条约的签订对中国的抗日战争和远东国际关系格局的变动，乃至第二次世界大战的进程都产生了重大而深远的影响。

1945年8月14日，国民党政府在苏联保证"不干涉新疆事务，不在中国东北长期驻军不回，不以任何形式援助中国共产党及其所属一切武装"的条件下，签署了《中苏友好同盟条约》，条件是承认了蒙古人民共和国是一个具有国际法主体地位的主权独立国家（外蒙古独立）。这一"条约"无疑是苏联在中苏关系问题上持续扩大其国家利益的一种必然结果。中方被迫宣告："因外蒙古人民一再表示其独立之愿望，中国政府声明，于日本战败后，如外蒙古之公民投票证实此项愿望，中国政府当承认外蒙古之独立，即以其现在之边界为边界。"此外，中方亦被迫承认："日本军队驱出东北三省以后，中东铁路及南满铁路由满洲里至绥芬河及由哈尔滨至大连、旅顺之干线合并成为一铁路，定名为中国长春铁路，应归中华民国及苏维埃社会主义共和国联邦共同所有，并共同经营。"更为引人注目的是，在1924年已经被苏联政府公开宣言放弃，且在与北京政府谈判中完全不曾提及的前沙皇俄国在中国东北一度攫取的大连、旅顺出海口租借权一事，竟重新成为苏联政府的要求之一。中方被迫宣布：大连为一自由港，但该自由港所有港口工事及设备之半，及指定码头与仓库，无偿租与苏方，租期定为三十年；苏联有权在除大连市以外的旅顺港区域内驻扎陆海空军，并以其为海军根据地，期限定为30年。《中苏友好同盟条约》是一种新的不平等条约，该条约严重损害了中国的主权和领土完整，充分表现了苏联的大国沙文主义和民族利己主义。

第二节 推行"联合政府"政策

二战结束后，斯大林从本国的利益出发，在国共之间建立了左右摇摆的中苏关系，但最后还是将天平倾向了中国共产党。

中国是一个与苏联接壤却无法纳入其势力范围的大国。

在战争期间（特别是1941年以后），盟国对中国的支持和援助主要来自美国，因此，战后中美关系的发展前景是可以想见的。但是，中国又是苏联最大的邻国，两国边境线长达数千公里，因而构成对苏联东部安全的潜在威胁。因此，战后初期苏联对华方针的重要内容，同在共产党活跃的欧洲国家一样，也是推行"联合政府"政策。显然，斯大林认为在中国出现的应该是以资产阶级政党为核心的联合政府。1945年6月，第11—12期《布尔什维克》杂志发表的一篇评论员文章称：战后中国必须有一个"由战时所有民主党派、团体和组织所加强的国家民主阵线；只有这样，……中国才能成为一支强大的、独立的和民主的力量"。这个公开发表的言论实际上反映了斯大林多次与美国人谈话时表达的立场，也就是他在战后提倡的"联合政府"政策。在4月—5月间两次与美国驻华大使赫尔利的谈话中，斯大林称蒋介石是"无私的"，是"爱国者"，但还必须在政治上对中共让步，以求得军令的统一。斯大林还表示，不能认为中国共产党人是真正的共产党人，苏联从来没有，今后也不会帮助中国共产党人。同美国一样，他也希望看到一个在蒋介石统治下的民主、统一和稳定的中国。

但中国共产党的主张与此不同。毛泽东在《论联合政府》中提出的中共的一般纲领是建立"新民主主义的国家制度"，即共产党领导的联合政府，推翻国民党的一党专制。对此，斯大林政府也是十分清楚的。但是，中共当时似乎并不清楚斯大林的主张。毛泽东在中共七大的最后报告中指出，"国际无产阶级长期不援助我们"，因为没有国际援助，就要学会自力更生。不过，从意识形态的角度，中共相信：国际无产阶级的援助一定要来的。所以，尽管了解有关中苏条约的内容，但中共不相信斯大林会承认蒋介石是中国唯一的领袖，毕竟中苏是一个阵营里的。1945年8月9日150万苏联远东军兵分三路进入东北，对于延安来说，苏联出兵东北是一个突如其来的消息，更使毛泽东惊喜的是日本突然宣布无条件投降，这似乎为中共提供了一个与蒋家王朝争夺天下的天赐良机。毛泽东一度认为，通过武力的较量立即实现中共的目的可能是最佳选择。第二天便指示各中央局和中央分局："在此历史突变之时，应立即布置动员一切力量，向敌、伪进行广泛的进攻，迅速扩大解放区，壮大我军，并须准备于日本投降时，我们能迅速占领所有被我包围和力所能及的大小城市、交通要道，以正规部队占领大城及要道，以游击队民兵占小城。"同时要求华中局即日派部队夺取南京、上海、武汉、徐州、芜湖、信阳等大城市和要点，沿津浦、沪宁、沪杭线各中小城镇则由地方部队动员民兵占领，同时宣布江苏、安徽、浙江、湖北省主席和上海、南京市长人选名单。

然而，万万没想到的事情发生了。就在中共积极部署，准备夺取华东、华北、西北、东北大部分地方政权的关键时刻，10月20日，苏共给中共中央发来电报，指出：中国不能打内战，否则中华民族就有被毁灭的危险，毛泽东应赴重庆进行和谈。在斯大林看来，中共拒不和谈而坚持武装夺权的方针，必将导致远东局势的紧张。因为斯大林既不相信中共的军事实力，也不了解中共的最终目标，但他知道一点：无论中国内战结局如何，都会破坏业已签订且为莫斯科得意的中苏同盟条约及苏美共同构建的雅尔塔体系，从而给苏联在远东的安全和利益带来不堪设想的后果。因此，中共必须像西欧各国共产党一样，在蒋介石领导的"联合政府"的框架内寻求和平与稳定。对于来自苏联的"国际援助",中共固然没有抱多大希望,但无论如何也没有想到斯大林会下一道"不许革命"的禁令,毛泽东头上好像被泼了一盆冷水,中共中央只好立即致电华中局,取消上海起义计划。22日,中共中央和中央军委联合发出指示:"苏联为中、苏条约所限制及为维持远东和平,不可能援助我们。蒋介石利用其合法地位接受敌军投降,敌伪只能将大城市及交通要道交给蒋介石。在此种形势下,我军应改变方针,除个别地点仍可占领外,一般应以相当兵力威胁大城市及要道,使敌伪向大城要道集中,而以必要兵力着重于夺取小城及广大乡村,扩大并巩固解放区,发动群众斗争,并注意组训军队,准备应付新局面,作持久打算。"同时,总体战略也只能由选择"革命"方式转向选择和谈方式,指出:我党在和平、民主、团结三大口号下准备和国民党谈判,争取有利于我党及人民的条件。

对于苏军管制下的东北,中共还是寄予很大希望的,仍坚持迅速争取东北,由于害怕惹恼了"老大哥",决定先派干部去那里发动群众,建立地方政权和地方武装,是否派军队占领，还需要观望一段时间。显然，毛泽东已经看出，中国不在苏联的势力范围内，并断定苏联进军中国的区域大概会限定在东北三省。所以，中共在关内的一切军事行动都不会得到苏联的援助。于是，出路只有一条：在全国范围内大体要走法国的路，即资产阶级领导而有无产阶级参加的政府。而在中国，联合政府的形式现在是独裁加若干民主，并将占相当长的时期，将来再实现新民主主义的中国。看来，中共是不得不走这条"弯路"了。不过，毛泽东虽然讲的是走法国式的道路——这是对斯大林路线的准确理解，恐怕也是说给斯大林听的，但实际准备实行的谈判方针及其所确定的目标与斯大林的设想有重大区别：第一，斯大林主张的是共产党进入由资产阶级政党掌权的政府，而毛泽东设想的"联合政府"却是要与国民党平分天下，至少来个武装割据。第二，斯大林要求共产党放弃武装斗争，走和平的道路，而毛泽东却坚持无论如何不能放下枪杆子的原则。总之，为了和平建国，毛泽东亲赴重庆与宿敌蒋介石谈判，而内心却十分明白，莫斯科的"联合政府"实属一厢情愿，最后解决问题还要靠武装斗争。

　　事实上，苏联红军出兵东北当然不仅仅是为了消灭日本关东军，其主要目的是为了使东北地区成为苏联的势力范围和东方安全屏障。作为签署中苏条约的对应条件，斯大林已经向美国人和蒋介石许诺，东北的行政权将交给国民政府，而苏军则在3个月内撤离中国，希望以此换取中国政府的对苏友好立场。但是，无论是从意识形态出发，还是着眼于地缘政治，斯大林对蒋介石及其支持者美国，既不放心，也不信任。所以，苏联不能把对东北的控制完全寄托在已经公开表明的既定政策上，而要把主动权牢牢掌握在自己手中。为此，他还是想借助中共的力量来控制国民党行政当局对东北的接管进程和实际结果。斯大林明白，苏联的军事力量迟早是要退出东北的。那么，到底把东北的直接控制权交到国共两党谁的手上，才能保证莫斯科的实际控制和势力范围，斯大林是有深远考虑的。最初，斯大林在国共之间所采取的左右逢源的立场，与中共逐步确立的独占东北的战略确实有些不合拍，以至一度引起毛泽东的失望和不满。不过，国际局势的变化最终还是让他们走到了一起。

　　由于得知东北的行政权将交给国民党，直到8月26日，中共中央还在犹豫是否派大部队去抢占东北。不过如前所述，控制东北已是既定方针，需要考虑的只是方式。于是，中共中央要求"晋察冀和山东准备派到东北三省的干部和部队，迅速出发，部队用东北军及义勇军等名义，只要红军不坚决反对，我们即可非正式地进入东北三省。不要声张，不要在报上发表消息，进入东北三省后开始亦不必坐火车进占大城市，可走小路，控制广大乡村和红军未曾驻扎之中小城市，建立我之地方政权及地方部队"。"热河、察哈尔两省不在中苏条约范围内，我必须完全控制，必须迅速派干部和部队到一切重要地区去工作，建立政权与地方武装"。对苏军只通报情况，既不要正式接洽，也不要请求帮助，总之不要使之为难。高岗在9月3日一封电报中也称："对东北我党必须力争，中央已有充分准备及具体对策。"

中共军队突然大量出现在东北，一时搞得苏军发蒙。中共军队最初进入东北各地后的不同遭遇，说明了这种情况。冀热辽军区进攻山海关时，不仅与苏军联合发出最后通牒，还得到苏军炮火支援，到达沈阳时却受到苏联驻军百般阻拦，被围困在火车上整整一天。进驻沈阳的中共先头军队从苏军转交的日本军火库中获取了大量武器装备，而徒手赶来的后续部队却吃了闭门羹，什么也没有得到，还有些进入东北的部队，不仅得不到急需的通讯器材和印刷设备，甚至还被苏军缴械，并禁止他们在苏军占领区活动。如此等等。造成这种局面的具体原因很复杂，有的显然是出于无产阶级国际主义而表现出对中国同志的支持，有的恐怕是由于对中共所属部队缺乏了解而产生的误会，有的大概是基层指挥员不了解外交方针而擅自采取的行动，还有的肯定是占领当局受制于国际舆论而有意采取的回避态度。总的来讲，问题的症结在于，对于莫斯科有意采取的模糊政策，苏联军人和中共领导人最初都没有搞清楚，而他们之间又缺乏沟通和联系。

9月14日，苏联远东军总司令华西列夫斯基派代表飞到延安，传达莫斯科的要求，并与中共领导人进行协商。苏联代表在会谈中明确表示：苏军撤离中国前，国共军队均不得进入东北，请朱德命令已进入沈阳、长春、大连等地的中共部队退出苏军占领地区；苏军不久即行撤退，苏联不干涉中国内政，中国内部的问题由中国自行解决，而私下应允，已经进入东北的中共军队，如果不用八路军名义，不公开与苏军接洽，苏军可以"睁一只眼，闭一只眼"，还提出希望中共派负责人前往东北，以便随时联系，协调行动。察哈尔、热河两省则可以完全交给中共接管。16日，苏蒙联军代表又转告中共中央，坚决要求八路军主力火速北开，接收其所占领之内蒙古及东北各地，确保北面及内蒙地区，以便同外蒙苏联经常保持联系，苏军可接济部分武器。万不得已时，中共部队可进入外蒙，但不可向南移，不要再让敌人隔断双方联系。在重庆的苏联大使也向毛泽东、周恩来提出：中共当前的战略重心，应当是集中兵力，确保张家口、古北口、山海关之线，防蒋进攻。只派遣一名校级军官向中共领导人传话，表明莫斯科处事谨慎，仍要留有退路。彭真到沈阳后报告，苏军对银行、工厂、仓库一律派兵监守，不准搬用，对火车、汽车、汽油、广播电台也绝对全部控制，还要求中共军队移至城外，均反映了这种情况。尽管如此，苏联的意图却很明显：表面上国共军队都不得进入东北，但允许中共军队卡住进入东北的咽喉要道，一旦苏军撤退，中共便可抢先占领东北。这样，苏联既没有破坏中苏条约，又能保证内蒙、东北地区在自己掌控之中。机不可失，苏军的表态促使中共更加坚定了进军东北的决心。

在控制东北的问题上，斯大林最大的担忧在于美国势力渗透到苏联的势力范围，随着国民党军队在美国的援助下不断接近和开进东北，莫斯科的担心越来越加重，态度也越来越明朗。10月3日，一位未透露姓名的苏共中央军委委员在接待中共东北局负责人时，不仅热情称赞中国共产党人，而且高度赞赏中共关于"向南防御，向北发展"，争取控制东北的战略方针。他还认为，满洲北部不成问题，建议中共把主力部队部署在山海关方面和沈阳周围，全力阻止国民党军进入东北。为了增强中共方面的信心，第二天苏方就通知中共东北局说，苏军准备把缴获的所有保存在沈阳、本溪、四平、吉林、长春、安东、哈尔滨和齐齐哈尔日本关东军的武器弹药和军事装备，如数转交给中共，并说明这些武器弹药可以装备几十万人。

10月上中旬，苏联一再拒绝国民政府关于国军在大连登陆的请求，即使蒋介石亲自出面也无济于事。同时，对设立在长春负责接收工作的东北行营，也是百般刁难，设置重重障碍。蒋经国向苏联使馆通报长春之行的感受时抱怨说，苏军不允许他们建立警卫队，拒绝到除沈阳外其他地区进行视察，还下令停止出版东北行营发行的《光复报》。与此同时，苏联却与中共紧密配合，加快了对东北的控制步伐。苏军指挥部下决心打开前门，拟把南满和锦州地区的行政权全部交付给中共，并应允在中共来不及接收的情况下，代为保存1个月。甚至在苏军完全控制的大连地区，占领当局也希望中共在那里建立起党政领导机关。10月6日，中共得知蒋军在大连登陆已被拒绝后，估计可能转向营口、锦州和安东，于是请求苏军一律拒绝蒋军，至少向后拖延一个月至一个半月。但是，因受制于外交，苏联无法满足毛泽东的要求，经反复交涉，只得应允蒋军10月30日在葫芦岛、营口登陆，11月12日进至锦州、海城线，11月20日进至沈阳，苏军则于11月25日撤完，还同意先头部队在苏军撤离前三天空运至长春和沈阳。不过，苏方也公开声明，苏军数量不多，无法保证登陆部队的安全，而且并不打算限制共产党部队，因为苏联不会干涉中国内政。同时，苏方则通知中共，"同意你们在营口、葫芦岛作战，他们不加任何限制"，还同意中共前往沈阳和长春接收工厂、武器装备，并更换除市长外的长春各级政府。

就在毛泽东准备利用苏联帮助的有利条件放手与蒋介石在东北一战的紧要关头，莫斯科的立场突然发生了变化。11月10日，斯大林给莫洛托夫、贝利亚、马林科夫和米高扬发出一封密码电报，指令他们"尽可能快地从延安和毛泽东部队活动区域撤离我们所有的联络官员和其他人员，而且越快撤出越好。原因是中国的国内战争正处在一个重要的转折点上，我担心我们的敌人将来会指责我们留在这些地区的人是中国国内战争的组织者，虽然我们的人并没有控制任何东西"。这一指令立即得到贯彻执行。第二天东北局报告：昨日友方突然通知我方，已允许在苏军撤退前五天内让国民党空运部队到各大城市，并且不准我们在此期间与国民党军队发生冲突。友方一再声明，这是莫斯科的决定，东北苏军任何人员无权变动。如果五天中出现冲突，苏方只能缴我们的械。友方还一再提出莫斯科的利益应该是全世界共产主义者最高的利益。17日马利诺夫斯基命令中共军队撤出长春、沈阳和哈尔滨，并不得阻碍国民党军队在长春和沈阳着陆。20日又郑重通知东北局：长春路沿线及城市全部交蒋，中共军队一律退至铁路线50公里以外；只要有苏军的地方，既不准与蒋军交战，也不许中共军队存在，必要时不惜用武力驱散；全东北境内，包括锦州至山海关段，均不准作战。同日，苏军驻哈尔滨卫戍司令部要求中共北满分局和军队三天之内撤出哈尔滨，中共部队撤出后，苏军即通知国民党政府，来哈接收。

苏联的态度为何突然改变？从斯大林密电和苏联参赞谈话的口气看，莫斯科的担心主要在于美国对东北事态发展的不满及其制造的舆论压力。蒋介石对这一点看得很清楚，早在10月19日他就有意向苏联大使建议：采纳美国的提议，召开第二次五国外长会议解决中国问题。11月8日蒋介石又在内部讨论时提出"将东北行营撤至山海关，同时声明不放弃东北，以使苏联违约之真相大白于天下"。一个星期后，国民政府正式向苏联发出照会：由于接收工作无法进行，决定于17日起将东北行营迁移至山海关。同时，中国又照会各国使领馆，告苏联阻碍接受工作。随后，蒋介石迅速将这一决定告诉华盛顿，并抱怨苏联人未能执行1945年中苏条约，希望与美国积极协调行动，防止局势继续恶化。斯大林又一次抛出了"联合政府"政策。在12月30日与蒋经国会谈时斯大林说："苏联政府已经从延安召回了所有的代表，因为他们不同意中国共产党人的举动。"苏联政府仍然承认蒋介石政府是中国的合法政府，并认为中国不能有两个政府，两支军队，尽管中国共产党人不同意这一点。斯大林还一再辩白，苏联政府对中共的情况不了解，也未向中共提过任何建议，莫斯科对中共的行为不满意，更不能为他们的行为负责。而对中共，斯大林则希望他们放弃已经制定的目标。

毛泽东确实需要再次改变战略方针了。在得知苏联态度改变后，中共中央最初决定，一方面照顾友方信用，服从总的利益，一方面提出仍须控制大城市，重新部署力量，准备一切条件于苏军撤走后歼灭顽军。11月19日—20日，中共的方针仍然是在顾及苏联国际信用的条件下力争大城市，希望苏军能把锦州、葫芦岛及北宁路之一段留给我们，并尽可能推延蒋军进入满洲及各大城市的时间。但是，11月22日，迫于形势的变化，刘少奇便提出了一个新的方针：让开大路，占领两厢。28日和29日，他进一步明确：独占东北已无此可能，但须力争在东北的一定地位，今后工作重心为控制长春铁路以外的中小城市、次要铁路及广大乡村，建立根据地，作长期打算。

第三节 苏联撤退，内战开启

斯大林对华政策的根本目标很明显，就是确保苏联在东北的独占地位，这就是说，是否援助中共，如何援助中共，完全取决于形势是否对苏联实现其在远东的战略目标有利。因此，苏军在1945年底准备撤离东北，把政权交给国民党的时候，仍然与中共保持着联系并秘密给以帮助。12月2日，随苏军行动的周保中等人报告：苏联远东军指挥部愿意知道我全满实力及对东北方针，苏军表示在撤退前，在可能限度内一定给我物资帮助，但是讲究方法，并尽量制造困难给顽敌。看来，即使在压制中共时，苏联还是留了一手。果然，当东北局势的发展使莫斯科感到威胁时，苏联的态度又来了一个180度的大转弯。关于苏联对华政策的目标，副外长洛索夫斯基在蒋经国访苏前给斯大林的报告中作了全面论述：第一，中国政府必须承认蒙古人民共和国独立；第二，中国必须保证长春铁路沿线的安全，在目前的混乱局面下，应提议苏联铁路护卫队保留二至三年；第三，不准外国人及外国资本进入满洲，我们不能允许满洲成为另一个大国施加经济和政治影响力的场所；第四，必须在苏联积极参与满洲经济活动的情况下实现与中国在东北的经济合作，为此就要控制一批合资公司，特别是船舶公司、航空公司和中长铁路。但恰恰在这些问题上，1946年初呈现出一种对苏联的危险局面。

1946年3月6日，重庆政府照会苏联，撤军期限已过，苏军尚未完全撤退，要求苏联政府饬令即行撤退。4月1日，蒋介石在第四届第二次国民参政会上发表演说，公开推翻东北停战协定，宣称"东北九省在主权的接收没有完成以前，没有什么内政可言"。东北的局面更加复杂，据苏联驻东北当局报告，国民党与土匪勾结，煽动反苏情绪，捣毁中苏友好协会甚至苏方的机构，苏联军人和侨民不断遭到骚扰、袭击和杀害等等。马利诺夫斯基还认定，张莘夫被害一案，就是土匪精心策划的，目的在于破坏苏中关系。面对如此局势，莫斯科只得再次打出中共这张牌。中共当地驻军报告：辽阳、鞍山、本溪三处苏军已正式将政权交与我当地民主政府，并由双方签字。该区以南（包括安东）苏军不再交给国民党，对外暂不公布。除旅顺、金州完全归苏军长期驻兵外，大连的副市长、区长及公安局长也都由中共干部担任。原因在于，该地区的煤铁业及若干大工业，已由苏方接收并开始经营，大连的工业也完全在苏方掌握之中。不仅如此，在2月22日与外蒙领导人乔巴山谈话中，斯大林甚至同意外蒙可以悄悄地进行宣传鼓动工作，以准备在兴安岭和内蒙古建立独立的国家。显然，斯大林至此还是希望把政权交给共产党控制，以此来保证苏联的远东利益。

然而，考虑到停战协定已经签字的背景以及军事力量的对比，中共中央决定，不仅不去进攻沈阳，沈阳至哈尔滨铁路沿线苏军撤退时亦不去占领，甚至准备让出已经到手的抚顺、本溪、鞍山、辽阳等地，以交换蒋军从热河撤军，并承认中共在东北的地位。看起来，此时毛泽东还没有改变"让开大路、占领两厢"，倚靠苏联、外蒙建立根据地，通过和谈解决东北问题的基本方针。这种稳重的态度与此前莫斯科的立场变来变去大概不无关系。这时，苏联对于中共的犹豫不决、行动迟缓颇有不满，因而采取了更加强硬的态度。3

月中旬东北局报告：苏军批评中共对美国人太客气了，更不应该同意让国民党的5个军开到东北来。又表示：凡苏军撤离之地，包括沈阳和四平，中共可以放手大打，并希望放手大打。为此，东北局要求在征得苏联同意后夺取四平、哈尔滨，并进占其他大城市及长春路支线小城市，逼迫蒋介石谈判，甚至可以考虑夺取长春。与此同时，马歇尔给东北停战小组的指令规定，"小组只能随政府军前进，政府军有权进驻东北之主要地区，长春铁路两侧各30公里以内，政府军单独管理，苏军撤出地区中共军队不得开入占领等"，而对中共在东北的地位既没有提及，也不愿讨论，毛泽东对此极为不满。

一切准备就绪，苏军开始了撤退行动。此前，苏方曾以发生瘟疫、冬季交通不便等种种借口延缓撤军，且迟迟不告知撤离时间，从而造成国民党军队沿长春铁路北进和接收的困难。3月22日，苏联使馆突然通知国民政府，苏军将于4月底撤军完毕。莫斯科当时的目的很明显，当然是尽可能将东北政权交给中共，为此，双方的配合日益紧密。3月24日中共中央致电东北局，说明现在的方针是用全力控制长、哈两市及中东全线，不惜任何牺牲，因此要求速与苏军交涉，在撤退时允许中共军队进占哈尔滨、齐齐哈尔及长春。苏方则转告中共，一旦条件具备，立即通知中共接管长春，同时告诉东北行营接收人员，因要"防疫，不允许办理长春交接手续"。25日中共中央连续致电东北局，因停战小组将于近日到达东北，需即刻与苏方联系，请他们速从哈、长、齐等市撤退，中共军队必须在苏军撤退后一二日内控制长春、哈尔滨、齐齐哈尔等地，并以长春为首都。为了让中共顺利接收长春，苏联对国民党继续采取麻痹战术。4月13日苏联使馆还信誓旦旦地向中国外交部重申，将通知具体撤离时间，并尽量协助中国政府完成接收任务。第二天，苏军就突然撤出长春，同时用事先约定的密码通知了周保中。早已做好准备的中共军队随即发动总攻，当天便占领了机场两处、市区一部，并于18日控制了全市。4月19日，中共中央指示：东北局应迁长春，并考虑于短期内召集东北人民代表会议成立东北自治政府问题。同时，一方面向四平增兵，再打几个胜仗，另一方面全力夺取哈尔滨、齐齐齐哈尔二市。苏军原计划4月25日撤出哈尔滨，但毛泽东考虑到马歇尔可能在此之前到达沈阳，故于16日电告东北局，速与苏方交涉，让其尽早撤离。18日再次要求陈云和高岗，速催友方从哈市立即撤去，以利我军马上占领。此事万急勿延。20日与苏军代表会面，高岗被告知，哈市苏军已定于25日撤离，无法再提前，但中共所需武器已经留下，进城后即可得到。此后，按照计划，东北民主联军25日攻占齐齐哈尔，28日进驻哈尔滨。

蒋介石当然不愿再给中共提供喘息的机会，就在5月3日苏军宣布全部撤离中国的这一天，他偕夫人宋美龄飞抵南京。两天后，国民政府宣布还都南京。显然是对中共的前途没有把握，看到形势逆转的斯大林此时又回过头来向南京展开微笑。5月8日，斯大林命驻华使馆武官转告蒋经国，说去年蒋介石曾表示愿赴苏访问，现在斯大林欢迎蒋介石前往莫斯科或边境某地进行会晤。蒋介石现在想的是立即消灭共军，对此当然予以拒绝。5月14日，新六军攻占本溪后，大举北上增援四平。18日林彪下令四平守军撤出战斗，国民党军队进占四平后继续北进，23日不战而进入长春。虽然此后国民党军队因战线过长，力所不及，而止步于松花江，从而形成国共两军隔江对峙的局面，但是在关内，蒋介石却命令河北、山东、山西和苏北的国民党军队向中共军队大举进攻，中国的内战于1946年6月全面开启。

第四节　新时期的援助

1949年10月1日中华人民共和国成立。中苏两国的关系迅速全面地得到发展，双方从平等互利出发，建立了新型的中苏关系。这一年年底，毛泽东前往莫斯科参加斯大林70寿辰典礼，并同斯大林进行了多次会谈。两位领袖的会见增进了两国间的友谊，增强了反对美国和西方的力量。这次会见被评为在整个世界政治棋盘上标志着巨大转变的具有真正历史意义的会见。1950年2月14日苏联政府与中华人民共和国政府签订的《中苏友好同盟互助条约》，对于中国人民来说这是一个真正能够表现出相对平等性质的条约。相较于1945年，1950年时中苏两国的强弱差距仍然相当明显，但相对于1945年，1950年时苏联谈判的对象则发生了根本性的改变。1945年苏联谈判的对手是亲美反共的国民党，而1950年苏联谈判的对手则换成了亲苏的共产党。换言之，1945年谈判的双方更多的是相互间的防范意识和戒备心理，而1950年谈判的双方则明显地具有共同的战略利益。这在表面上是由双方意识形态的一致性所决定的，实质上却也是相互之间的利益需要的一种结果。之后，斯大林开始支援中国，在技术上、人员上、装备上可以说都是相当下大力气的。在中国空军弱小的时候斯大林命令苏空军进驻上海保卫中国领空，抗美援朝时期苏军空军在中朝边境驻扎，和联合国军夺取制空权。在东北大力援助中国的重工业项目，在新疆用运输机调度中国军队。当时，苏联的经济、政治文化和军事全方面地影响了中国的建设与发展，在中国甚至有这样的口号"苏联的今天就是我们的明天！"可以说建国初期没有斯大林的支持，中国不可能恢复得这样快，当时虽然斯大林未必是真心帮助，只是为了制约美国，但是对中国人民的发展确实起到了巨大的帮助作用，中苏关系达到顶峰，这是不可忽视的，也是斯大林为中国做出的贡献。此外，苏联在中国东北的利益——长春铁路和旅顺口、大连保证的苏联在太平洋的出海口和不冻港，面临调整。毛泽东第一次访问苏联，在长达两个月艰苦的谈判后，终于将其权益归还中国。

　　1950年6月25日朝鲜战争爆发，朝鲜人民军迅速击溃准备不充分的大韩民国的武装力量韩国国军，占领了韩国首都汉城。而美国主导的联合国军在随后参战，于9月份通过仁川登陆而击退了南下的朝鲜人民军后，于10月7日越过三八线向平壤推进。朝鲜政权是社会主义性质的政权，是中苏世界革命主张的保护对象。这时，斯大林改变了以往在亚洲保持沉默和守势的立场，决定在远离欧洲这一"冷战"中心的朝鲜半岛采取军事行动完成朝鲜统一，从而扩大苏联在这一地区的势力和影响。同时，这个决定也是为了迎合金日成统一朝鲜民族的革命要求。由此，作为内战的朝鲜战争爆发无可避免。但是，美国政府迅速介入战争，使之扩大，这并不在斯大林的意料之中。朝鲜战争爆发以后，苏联空军支援中国志愿军，是斯大林的一个承诺。在朝鲜战争爆发的初期，斯大林希望中国军队能够介入，已解密的材料表明，他在通过苏联大使罗申转给周恩来或毛泽东的电报中称："我们不清楚您是否已决定部署9个中国师在朝鲜边境。如果您已作出决定，我们准备给您派出一个喷气式歼击师包括124架飞机，用于掩护这些部队。"斯大林甚至慷慨表示，一旦中国的飞行人员掌握了这些飞机，这个飞行师以及已经在上海担任防空任务的另外一个飞行师的所有装备，都可以移交给中国方面，这是斯大林请求中国出兵提供的前提条件。

当时，中国是否同意出兵援助朝鲜的问题，是中苏结成同盟以后斯大林与毛泽东之间发生的一件最重大的事情，也是对中苏同盟的第一次重大考验。从中国角度讲，出兵与否的军事讨论部分，有无空军的支援甚为关键。中美双方军力在这项对比上，最为悬殊，正如麦克阿瑟所言："我们的基本上无敌的空军具有随时可以摧毁鸭绿江南北的进攻基地和补给线的潜在威力。"于是，毛泽东派周恩来与林彪赶赴苏联，与斯大林在黑海别墅会谈，周恩来代表中共中央希望斯大林能够实现诺言，提供空军支援。会谈结果出乎意料，斯大林表示苏联空军目前尚未准备好，暂时无法出动，故决定中苏均暂不出兵。其主要根据是：苏联空军须待两个月或两个半月后才可出动支援志愿军在朝鲜作战。

对于中国来说，出兵朝鲜虽然不完全是为了满足斯大林要求，但毛泽东不可能不考虑到苏联因素。斯大林建议中共中央，要金日成到中国东北组织流亡政府。这样，一旦战争扩大，中国东北就会成为中美之战的战场。毛泽东当然会考虑到，如果美国跨入中国境内，斯大林便极有可能根据《中苏友好同盟互助条约》，派几十万苏联远东军进入中国东北援助中国作战。毛泽东不会忘记，1945年斯大林就是对日作战出兵中国东北，从而迫使蒋介石签订了损害中国主权的城下之盟。毛泽东也不会忘记，新中国领导人在东北问题上与苏联进行了艰苦谈判，中苏新条约规定苏联归还长春铁路和旅顺、大连是"虎口夺食"逼出来的。因此，一旦让战争扩大到中国境内，而苏联再次出兵东北，那么，这一地区不是被美国占领就是被苏联控制。就是说，无论战争胜败如何，中国都无法保证东北的主权不受损害。在中国的国家利益最为紧要时刻，毛泽东希望立即出兵援朝，并要求苏联提供空军支援，而斯大林担心与美国发生直接的军事冲突，也怀疑毛泽东出兵的诚意和效果。10月中旬毛泽东最终决意派出中国人民志愿军支援朝鲜，斯大林从1950年12月也开始派遣苏联空军的精锐战斗机飞行员到朝鲜秘密支援，苏联飞行员被命令必须身着中国人民志愿军军服，而且空中行动范围被严格限制，只被允许在鸭绿江南岸的"米格走廊"一带上空作战。1953年7月27日，参战双方，由南日大将为首席谈判代表的朝鲜人民军与中国人民志愿军的代表团，和由马克·克拉克上将为首席谈判代表的联合国军与韩国国军的代表团，最终在板门店签署了《朝鲜停战协定》，朝鲜战争宣告结束。

第六章 千秋功过，后人评说

不可否认，斯大林是20世纪影响最大、争议也最大的人物之一。斯大林作为苏联的实际统治者将近四分之一个世纪。他有卓绝的才干，精力旺盛，坚韧不拔。斯大林个性的突出特点就是残忍，没有同情和怜悯之心。斯大林是备受争议、影响深远、极其复杂、矛盾多面的历史人物，在他逝世50周年之际，一份民意调查显示，到现在为止，俄罗斯人仍然对这位前苏联领导人看法不一。

第一节 备受争议

英国前首相丘吉尔对斯大林的评价是，天才而且坚韧不拔的统帅，他（斯大林）接受的是还在使用木犁的俄罗斯，而他留下的却是装备了原子武器的俄罗斯。

俄共领导人久加诺夫在向斯大林敬献花圈仪式结束后对记者说，斯大林是伟大的政治活动家、外交家和军事统帅。在斯大林的领导下，苏联人民的生活发生了翻天覆地的变化，苏联人民打败了法西斯，取得了第二次世界大战的胜利。

中国共产党的最高领袖毛泽东对斯大林的评价是，"斯大林不是在所有问题上，而是在一些问题上犯了错误"，"斯大林是三分错误，七分成绩，总起来还是一个伟大的马克思主义者"。

1956年苏共二十大的"秘密报告"中，赫鲁晓夫对斯大林提出批评：斯大林应为杀害苏联一些党和国务活动家负责，是社会主义建设中所犯错误的唯一责任人，并且应对卫国战争初期的军事失败承担个人罪名；谴责并消除对斯大林的个人崇拜。

俄罗斯总统梅德韦杰夫2010年接受俄罗斯《消息报》记者访谈时，宣示斯大林"罪行不可饶恕"，俄罗斯国家在伟大卫国战争胜利65周年庆祝活动中不许提斯大林名字、不准出现斯大林肖像……。近日，作为俄罗斯总理的他又重提此事："当时发生的一切，不仅是斯大林，其他所有领导人毫无疑问都应当受到最严厉的批评。尽管目前已无法追究他们的责任，但这应当保留在史册中，让这样的事永远不再发生。对自己的人民发动战争，这是令人发指的罪行。"他的亲人是否在斯大林时期受到迫害已经不得而知，但从他对斯大林发指的憎恨来看，斯大林这个名字在很多俄罗斯人的心目中已经成为恶魔的象征。

那么斯大林究竟是个什么样的人呢？他对苏联—俄罗斯这个国家，又究竟起过什么样的作用呢？我们认为，对斯大林的客观评价必须以他生活的时代为背景，分析在他成为苏联最高领导人后为国家和人民作出的贡献与取得的成就和造成的失误与危害。

第二节　十月革命后的斯大林

十月革命后，在列宁的支持下，斯大林当选为俄共（布）中央委员会总书记，列宁去世后，成为了联共（布）最高领导人，经过了党内左和右的斗争后，更大的问题摆在他的面前。社会主义是前无古人的伟大事业，什么是社会主义，怎样建设社会主义，这需要很多代人的艰苦探索。苏联是第一个社会主义国家，是在资本主义包围的环境中建设社会主义，其历程必然更曲折，其代价必然更巨大。在苏联建设社会主义的过程中，列宁做过有益的探索。斯大林一生跟随列宁。列宁逝世后，斯大林继续实践列宁主义。20年代至30年代初期，斯大林一直在实行他所理解的社会主义，用政治手段点燃激情，不断激发人们的忘我精神和无穷无尽的创造力：在政治上，苏共中央具有高度集中的政治权力，各地方加盟共和国和自治共和国要听以斯大林为核心的党中央的指挥。在经济上，以公有制为基础的高度集中的计划经济占有绝对的优势。斯大林同志的政令畅通无阻，不忠于斯大林同志就等于是背叛党和人民。各级干部层层任命。党的干部具有高度的权力和权威。这样高度集中的政治经济体制形成，历史上称为"斯大林模式"。从历史的宏观角度看，当时这个模式是最佳的选择，他体现了很高的效率、稳定的政治和统一的思想。苏联当时所处的时代，必须要在最短的时间内建成社会主义工业化社会和实现国防现代化。稳定、速度、效率是压倒一切的。从斯大林发展模式产生的背景看，它是社会主义思想在特定历史时期和特殊国内外形势下取得的新进展。列宁过世后，世界上唯一实行社会主义制度的苏联面临着资本主义的包围和法西斯主义的攻势。如何在残酷的时代、严峻的国内外形势下保卫社会主义制度，维护社会主义革命成果；怎样在艰险环境中建设乃至建成社会主义，这是社会主义的探索者们必须解答的重大问题。只有对此作出具体的令人信服的解答，才能进一步促进社会主义思想发展。斯大林的探索及时回应了社会主义面临的重大理论问题，无论是非功过、成败对错，它确实以巨大的力量推动过社会主义思想在特殊条件下的演进。它在关于一国能否建设社会主义、怎样建设社会主义、建设什么样的社会主义、未来社会发展阶段等问题上都取得过突破性进展。总之，纵观20年代至30年代斯大林的活动，首先应该说他是有功的，功在于他按照传统社会主义思想，领导苏联人民建立起一个强大的社会主义国家，为以后打败德国法西斯奠定了雄厚的物质基础。最具有标志性的成就是五年计划成功令苏联迅速进行工业化，在1940年，钢、煤、石油、电力产量都达至新高

（之后才因德军入侵而有所回落），苏联已经成为继美国和德国之后世界第三强工业国；而在东部兴建新的工业城市则有助西伯利亚及乌拉尔山地区的开发。这个高度计划经济模式对今天的中国经济还在产生着深刻的影响。

虽然苏联因为集中发展对国防有利及国家有需求的重工业，而忽视生产日常消费品的轻工业之发展，人民的生活水平甚至比沙皇时期更低；人均工业化的成果在苏联庞大的人口下都给抵消掉了，相比起资本主义阵营工业较弱的国家如意大利和日本仍犹有不及，更无法和英美等国相比，人民没有享受到工业化带来的成果。斯大林要求苏联人民付出超出常人的工作量，又提出过高且不切实际的生产要求，不能达到生产要求的工人会被处分，以致进行劳改甚至被枪决，个人需要及自由都被国家及集体的强制手段压制至史无前例的程度。但是，不管从是苏共的政策还是苏联前四个五年计划执行的结果来看，优先发展重工业的工业化方针都是保证苏联消费品生产的高速增长的手段。斯大林任职期间的四个五年计划中，工业消费品生产一直以两位数速度增长。这是任何一个发达资本主义国家在任何一个历史时期都没有能够做到的。

　　同时，也必须承认斯大林模式在社会主义建设中，忽视民主法制、强调斗争、高度集权肯定是存在严重的弊端。如过分注重重工业的加速推进而忽视轻工业、农业的积累和发展，导致农、轻、重比例失调，造成轻工业和农业发展严重滞后；在政治体制上过度集权，社会主义民主和法制严重缺失，人治远大于法治；思想文化领域僵化保守，教条主义盛行，垄断马克思主义原著思想的解释权；对外政策上的封闭性和大国主义、扩张主义；等等。这些负面影响波及其他社会主义国家，导致出现严重问题，许多国家开始认识到斯大林社会主义建设思想的重大缺陷。而对斯大林模式的最严厉最深刻批评是来自马克思主义队列内部，这一批评在20世纪的历史上形成了一个久远的传统。这在很大程度上推动了20世纪中后期社会主义建设思想的创新性变革，社会主义思想逐步兼容并蓄，回归到积极吸取各种优秀思想成果、价值理念的坦途。由于中断了适合苏联国情的新经济政策，政治上开始压制民主，尤其是在农业全盘集体化过程中，使大批富农遭到迫害，甚至迫害致死。实际上，这些所谓的"富农阶级"并不是十几年前潜伏下来的那些剥削农民的有产者。而是靠列宁的"新经济政策",靠自己辛勤劳动、节约缩食而富裕起来的勤劳农民。

对于当时的斯大林来说并不是看不到这些弊病。但是,历史使命既然落到自己的肩上,他就不会把它推出去!在一片赞扬声中,他明知道有很多是虚伪的假象,有很多人在暗地里仇视他,唾骂他。但他却置若罔闻——既不在崇拜活动中洋洋得意,也不在反对派的叫喊声中动摇退却。他的双脚如同他的深沉、他的冷漠、他的举止、他的眼神,都说明他始终在苦苦地思考着、探索着。他在探索一条新路,一条前人和当今世界上所有的人都没走过的路,他要把一个落后的农业大国在最短的时间内变成现代化的工业化强国,与发达的资本主义国家抗衡。多少年来,斯大林始终在探索和斗争中艰难地走着这条新路。为了实现这一宏伟目标,斯大林几乎得罪了所有的战友、同事、朋友和亲属,他生活中的欢乐空间越来越少了。他希望周围的人都能像他那样有一个远大的志向,但他的希望始终是落空的,没有一个人能够真正跟得上他的脚步。只有在反法西斯战争胜利的那个时刻,人们才能认识到为什么斯大林要那样拼命地抢时间、争速度，为什么要迫不及待地完成农业集体化和工业现代化的任务，为什么斯大林能够领导苏联人民打败不可一世的战争狂人希特勒。当人们理解这些问题时已经是十几年以后的事情了。历史总是把高瞻远瞩赐给极少数的领袖，这也许是为什么至今还有很多人把花圈献给斯大林的原因。正如斯大林在总结第十六次代表大会的意义时所说的那样：这次大会将作为"社会主义在全线展开大规模进攻、使他们感到：农业集体化是社会主义康庄大道，是使国家富强的必由之路。而个体农民发财致富的愿望是可耻的，甚至是反动的思想，人们鄙视这种思想"，人们把领袖的号召很快化作群众的自觉行动。他始终相信通过严密的组织和行政命令手段就能战胜一切困难和阻力，过去的经历已经证明，单靠手中的权力就能消除强大的敌手，驯服那些持反对意见的派别和个人，甚至能消灭整个富农阶级。斯大林始终相信，凭借至高无上的权力，同样足以使那些工业领导人按照计划规定去生产出大量的煤、钢和机器。事实上他已经把一个具有小规模个体农业的国家变成了大规模机械化集体农业的国家。谈到了工业化带来的成绩时，斯大林兴奋地说，党的十六次代表大会以后的三年半中，工业产品总额增加了一倍；建立了许多新的生产部门，如机床制造业、汽车工业、拖拉机工业和化学工业；出现了电动机制造业、飞机制造业、康拜因制造业；开始生产合成橡胶、氮气、人造纤维，等等。他自豪地宣布，成千个新的工业企业已经投产，包括一些大型企业，如第聂伯水电站、马格尼托戈尔斯克冶金联合工厂、库兹涅茨克联合企业、乌拉尔重型机器制造厂、车里雅宾斯克拖拉机厂、克拉马托尔斯克机器制造厂，以及其他许多企业。斯大林在报告中列举了大量数字、图表、表格来说明这些成就。在农业方面的成绩是，建立了20多万个集体农庄和5000个国营农场。斯大林承认，农业的发展"比工业慢得多"，但他乐观地认为，对农业来说，实质上报告所涉及的时期与其说是迅速高涨和突飞猛进的时期，不如说是为即将到来的迅速高涨和突飞猛进创造前提的时期。

在文化革命方面，苏联已经从革命前的俄国那样愚昧的、不识字的、没有文化的国家变成了具有先进文化的国家。用苏联各民族语言进行教学的高等学校、中等学校和初等学校遍布全国。一支苏维埃知识分子干部队伍形成了。在第一个五年计划期间，专家人数几乎增加了一倍。出版机构、电影院、广播站、俱乐部和剧院的空前发展，反映了文化建设规模的巨大。尽管取得了这些成就，但斯大林警告说：斗争并没有完结。敌人虽然已被击破，可是他们的余毒还存在着，并常常流露出来。资本主义的包围还依旧，它复活并利用着存留在人们意识中的资本主义余毒。十七大以后整个社会的基调是蓬勃向上的。全国上下以极大的热情投身于第二个五年计划，并于1937年4月提前9个月完成任务。国家现在已经开始拥有世界上先进技术；在工业方面生产出许许多多先进的机器、车床和其他生产工具；在农业方面拥有大量拖拉机、联合收割机和其他农业机器；在运输业方面获得了头等的汽车、机车、轮船和飞机。部队也获得了新式、优良的技术装备。

人才队伍建设方面，在实现以极端落后的状态向工业化发达国家跃进的过程中，斯大林不仅十分重视技术改造和新技术的应用，而且人才的培养的问题也摆上了重要位置。早在1927年，他就指出，建设重工业不仅会遇到资金问题，而且会遇到干部问题，即如何吸收成千上万拥护苏维埃的专家，并培养红色技师、红色专家的问题。1931年他提出"在改造时期，技术决定一切"的口号。第一个五年计划时期，苏联利用资本主义国家发生严重经济危机的时机，大量引进外国技术。1931年购买的机器设备约占世界机器设备出口总额的三分之一。1926年—1931年间，苏联进口总额中机器设备所占比重高达90%。这个时期还聘请了大批外国技术人员。有了技术设备，就需要能够掌握技术的人才。1935年，斯大林提出"干部决定一切"的口号，取代"技术决定一切"的口号。他在1935年5月红军学院学生毕业典礼大会上发表演说时指出："为了把技术运用起来并得到充分利用，就需要有掌握技术的人才，就需要有能够精通并十分内行地运用这种技术的干部。没有掌握技术的人才，技术就是死的东西。有了掌握技术的人才，技术就能够而且一定会创造出奇迹来。如果在我们的头等工厂里，在我们的国营农场和集体农庄里，在我们的运输部门里，在我们的红军里，有足够数量的能够驾驭这种技术的干部，那么我们国家所得到的效果，就会比现有的要多两三倍。正因为如此，现在应当特别注意人才，特别注意干部，特别注意掌握技术的工作者。正因为如此，'技术决定一切'这个旧口号……现在应当用新口号，用'干部决定一切'的口号来代替了。毕竟应该了解：人才，干部是世界上所有宝贵的资本中最宝贵最有决定意义的资本。应该了解：在我们目前的条件下，'干部决定一切'。如果我们在工业、农业、运输业和军队中拥有大量的优秀干部，那么我们的国家就将是不可战胜的。如果我们没有这样的干部，那我们就会寸步难移。"此后，苏联为培养人才作出积极努力，第二个五年计划期间，中小学生增加了800多万人，1937年有50多万人在高等学校学习。受过高等教育和中专教育的专家比第一个五年计划期间增加了一倍多。知识分子约有1000万人。1935年，工人中间开展了掌握新技术和修改旧的技术定额的运动，即斯达汉诺夫运动。

第三节　大清洗中的斯大林

1934年底，苏联历史上的政治悲剧"大清洗"拉开了序幕。一时间，冤狱遍地，人人自危，给苏联的政治生活蒙上了巨大阴影，并留下了严重的后遗症。这是斯大林政治生涯中最灰暗的一页。在大清洗年代，内务人民委员部肆意使用肉体和精神折磨的方法，被告人的家属，特别是子女，往往被作为人质扣了起来，他们的安全被当作换取认罪的讨价还价的筹码。事实上，即便是被告"坦白"了他们的罪行，他们家属的结局往往也是悲惨的，他们中的许多人都被送进劳改局，甚至被枪决。同时，为了从被告人以及成千上万人口中挖出供词，内务人民委员部普遍使用体罚手段。在镇压浪潮中，许多无辜的人惨遭不幸，而受害最深的是列宁时代的老布尔什维克、党和国家优秀活动家、重要领导人。这从出席第十七次党代表大会的代表和中央委员的结局中可以看出。在1225名代表（他们大部分都是革命时期入党的）中，有1108人被捕，其中多数人死于内务人民委员部之手。在139名中央委员和候补中央委员中，有98人遭到厄运。受害者还包括经济学家、知识分子、在苏联的外国共产党员、加盟共和国的大批共产党员，以及共青团和工会的领导人等。尤其令人痛心的是，斯大林对图哈切夫斯基等杰出的军事家和重要指挥员的清洗，严重地削弱了国防力量。至于在大清洗中到底有多少人受伤害，至今无准确资料。据法国苏联史专家艾伦斯坦说，在1936年—1938年间，共逮捕400万—500万人，其中约50万人被处决。而据德·安·沃尔科戈诺夫估计，在1937年—1938年两年里，大约有350万—450万人遭到镇压，其中有60万—80万人被判了死刑。

图哈切夫斯基被处决是军队大清洗的开始。在1937年—1938年的大清洗中，共有3.5万多人成了牺牲品，其中高级军事指挥员受害最深。他们包括：5名元帅中的3名，15名集团军司令级干部中的13名，85名军长级干部中的57名，196名师长级干部中的110名，406名旅长级干部中的220名，所有11名副军事人民委员，以及最高军事委员会85名委员中的75名。上校级以下的军官有3万名被清洗，苏联军队的战斗力受到了严重的影响，以至于出现苏德战争初期的被动局面。历史事实表明，斯大林对于30年代的大清洗负有直接责任。在高度集权体制下，必须得到斯大林的许可，否则内务人民委员会是决不敢这样胡作非为的。今天揭露出来的材料表明，不仅斯大林发动了大清洗运动，而且他亲自参与了镇压活动，经他批准的镇压名单就有数百份之多，这是斯大林政治生涯中抹不掉的一个污点。斯大林的肃反运动，主要是针对苏联内部列宁时期的老资格的反对派，有些人在党内和军队中的地位很高，很有影响力。斯大林认为不把这些人从红军中清洗干净，他就无法全面地，直接地，真正地掌握苏联的军事力量，提高部队的执行力。

第四节　卫国战争中的斯大林

众所周知，卫国战争中斯大林自始至终都在莫斯科指挥作战。在战争最危难的时刻，也没有后退一步，他同样奉献了自己的亲人——长子雅科夫在战争中牺牲，次子瓦西里参加空军作为飞行员保卫国家。正如他在红场阅兵中演说的"让我们伟大的先辈——亚历山大·涅夫斯基、季米特里·顿斯科伊、库兹马·米宁、季米特里·波扎尔斯基、亚历山大·苏沃洛夫、米哈伊尔·库图佐夫的英勇形象，在这次战争中鼓舞你们！让伟大的列宁的胜利旗帜引导你们！彻底粉碎德国侵略者！消灭德国占领军！我们光荣的祖国、我们祖国的自由、我们祖国的独立万岁！"因此苏联人民，包括斯大林亲生的儿子沿着他指引的方向前进。斯大林自己，也成为伟大的战争英雄，伟大的苏联英雄，名副其实的苏联军事力量统帅，苏联大元帅。正是斯大林在第二次世界大战中的重要作用，使人类避免了法西斯的蹂躏，苏联也保住了自己的主权和领土完整。

卫国战争的胜利不仅仅是苏联人民的胜利，同时展现出了斯大林作为战争的最高统帅的高瞻远瞩、坚强意志、冷静的思维，不屈不挠的斗志和无私的奉献精神。在第二次世界大战期间，斯大林不仅在率领苏联人民抗击侵略者的斗争中表现出钢铁般的坚强意志，而且在建立反法西斯联盟中显示出了作为伟大战略家的纵横捭阖的雄伟气度。他虽然没有进军事院校学习的历史，但他却掌握着与时代相适应的军事思想，在处理军事问题时，他总是站在战略的高度上，以大无畏的精神和气吞山河的气势指挥军队应对战争。

一是深谋远虑，把"重军轻民"确定为国家经济发展方向，在战争爆发之前奠定了战争胜利的物质基础。

苏联从20年代就开始加快工业化进程，尤其是军事工业，已经发展成为仅次于德国的工业化国家。斯大林在1933

年1月《第一个五年计划的总结》中明确指出：五年计划的任务就是要在国内创造一切技术上和经济上的必要前提来最大限度地提高国防力量。斯大林非常重视奠定军工生产基础、提高军工生产能力和建立战略物资储备，建立国防基金为未来可能发生的战争提供资金和物资支持。国防基金只进不出，购买不可再生资源和矿产进行保值增值，参股和控股优质企业增加收入，投资科技研发和经济建设，促进国家发展。国防基金改名为国家应急储备基金，在战争、金融危机和重大灾害时方可动用。斯大林不仅关心军队在数量上的迅速增加和军官素养的提高，而且十分关心军事机械质量上的改进提高。战争前夕，他经常召集国防工业的主要设计师，讨论各种技术问题，并同厂长直接交往，斯大林能相当迅速地抓住生产过程的主要实质、趋向、工艺特点和困难。每星期他都要了解陆海军革新技术装备情况和进展，不断督促加紧军工生产。斯大林非常重视军工生产和武器创造设计，他合理调配武器装备资源，关心和支持武器的创造发明，并提议对新型武器设计者进行表彰，授予他们社会主义劳动英雄称号。在他的至高权威和正确指导下，苏联的军工生产，武器设计都得到了最大限度的发挥，为最后对法西斯的胜利做出了可靠的保证。在整个战争期间，苏联制造了数倍于德国的坦克，飞机，大炮等武器。而且苏联工程师们运用自己的智慧，发明了类似喀秋莎火箭炮等火力强大的武器装备，同样，矿业、石化等能源企业也加足马力的开动，保障了军队装备和补给的源源不断。如果说列宁格勒，斯大林格勒，莫斯科保卫战的胜利是依靠红军指战员的勇敢和牺牲，那么后期的反击和消耗战，强大的苏联重工业便是胜利的基础。如果没有斯大林制定的"五年发展计划"，沿袭沙皇俄国那样缓慢的按市场经济运转，那么苏联的卫国战争的后果不堪设想。因此，"重军轻民"的发展政策，虽然刚开始给人民带来不少痛苦甚至灾难，但为日后苏联具有战胜德国法西斯的强大国力奠定了坚实的基础。正因为有这样雄厚的重工业基础，苏联在第二次世界大战中才免遭毁灭性的失败，才有能力最终战胜德国法西斯。

自德国法西斯上台以后，战争威胁日益迫近。火药味越来越浓，在发展工业的同时，斯大林也更加重视军队的建设。为了对付随时可能爆发的侵略战争，斯大林决定扩大国防工业，加速军队现代化。在第二个五年计划期间，国防工业的发展速度比其他工业快一倍半。从预算中拨给陆军和海军的经费从1933年的14.3亿卢布增加到1938年的232亿卢布，1940年的数字是568亿卢布。装备实现了现代化，对坦克、火炮和飞机给予了特别的重视。1934年，红军的人数从56.2万增加到94万，1935年达130万。3年后，苏联武装部队的兵力超过了420万。部队的素质也有明显的提高。同时，斯大林十分重视新型技术装备和武器的设计和生产。他经常同有关领导、设计师、科学家交谈，亲自去参观军工新产品，有时也到试验现场去，他还常常倡议并亲自出席讨论军队建设各类问题的会议。斯大林认为政治觉悟是军队战斗力的源泉，政治素质是军队战斗力的思想基础，为此，特别关心军队的政治建设问题，为了把军队建设成为一支政治上可靠的队伍，斯大林加强了党在军队中的组织建设。到1934年底，所有的高级将领和93％的师级指挥官都是苏共党员。所有这一切，为最终赢得战争胜利奠定了牢固的基础。

在战争初期的危机时刻，斯大林同时果断地下达了工业向东转移的命令，到1942年1月，仅用半年时间就把1523个工业企业向东迁移了几千公里，其中包括1360个国防工厂。而且迅速恢复了生产，这项决策为苏联人民赢得卫国战争的伟大胜利起到了关键的作用。

二是确定正确的战略理念和指挥思想，确保了最后的战争胜利。

从1941年6月苏德战争开始到1945年5月战争结束，历时4年不到，而对日作战在短短一个月内就取得胜利，一方面是红军指战员努力的结果，另一方面不得不说依靠了斯大林高瞻远瞩的战略眼光和运筹帷幄的卓越军事指挥才能。

苏联的卫国战争开始前，苏联面临德日两面的夹击，而且力量对比苏联是不如德日的，这个时候斯大林采取避实就虚，阳奉阴违的外交政策，一方面，和希特勒签订和平条约，瓜分了波兰，另一方面，和日本签订和平条约，但又在张鼓峰，诺门坎战役给予日本重大打击。在英美等西方国家没有明确支持苏联的情况下，不惜与德日法西斯化敌为友，并且采取沙文主义做法，发动苏芬战争，为苏联取得战争空间。以上，所有的做法都是建立在对苏联国家有利的实用主义基础上。斯大林的做法，验证了一条至理名言："没有永恒的敌人或朋友，只有永恒的利益。"斯大林并不在乎外界对苏联的国家荣誉的看法，而是采取实用主义，尽可能为苏联争取利益。这些做法是卓有成效的，一方面为苏联的战争准备争取了时间，另一方面可以避免两线作战，同时获取最大利益。

那么在军事指挥方面，斯大林一方面信赖自己的将领如朱可夫、沙波什尼科夫、华西列夫斯基等优秀将领的临场指挥，从来不胡乱干涉（战争前期有段时间斯大林有些武断，但尝到苦头后迅速改变做法），一方面把战役的规划和执行牢牢控制在自己手里。对没有及时汇报和执行的将领及时处罚。包装军事指挥的全局观，正是得益于斯大林对军事指挥员灵活的调配和使用，以及正确的指挥（譬如军事天才朱可夫，从列宁格勒保卫战到莫斯科保卫战到斯大林格勒战役直到最后的攻克柏林，都有他的身影）。因此，在苏德战场上，从北方到南方，长达数千公里的战线上，数个方面军同时作战，但并没有出现顾此失彼，各自为战的情况，而是互相配合，协同作战，取得最大战果。这是和斯大林灵活和正确的使用将领，从大局、全局、最高层面来指挥战争的手段分不开的。朱可夫从军事的角度对斯大林作了客观的评价。在《回忆与思考》一书中，他写道：经常有人问我，斯大林究竟是不是军队建设方面的杰出的军事思想家和通晓战略战役问题的军事家？我可以肯定地说，斯大林通晓组织方面军和方面军群战役的基本原则，并且熟练地指挥了这类战役，他精通重大的战略问题。最高统帅在这方面的才能，从斯大林格勒会战开始表现尤为突出。有一种流行的说法，认为最高统帅是凭地图来研究情况和下定决心的，这与事实不符。当然，他不去研究战术细节，而且这对他也无必要，但他对战役情况却是很熟悉的。斯大林在领导整个武装斗争方面得益于他的天赋的智慧、政治领导经验、敏锐的洞察力和渊博的知识。他善于从战略情况中找出主要环节，并抓住这个环节，采取对策，组织相应的进攻战役。毫无疑问，他是当之无愧的最高统帅。

每当准备一次新战役时，斯大林总是把总参谋长和副总参谋长叫到身边，同他们一起仔细地研究整个苏德战线的战役、战略情况，其中包括各方面军的状况，各种情报资料以及各兵种预备队的准备情况。然后，斯大林又把红军总后勤部长、各兵种司令和国防人民委员部负责保障当前战役的各个主要首长，叫到最高统帅部来进行研究讨论，最后再由总参谋部协同方面军根据最高统帅的意图，制定实施战役的计划。

在会议中，斯大林乐于听取那些有真知灼见的报告。他自己讲话不多，也不喜欢别人的长篇大论，经常用"简单点"、"清楚点"这样的言语打断讲话滔滔不绝的人。他主持开会时，从不讲开场白一类的话。斯大林对报告和文件中的弱点特别敏感。他具有惊人的记忆力，对讲过的东西记得很牢，他不放过机会严厉申斥那些丢三落四的人。因此，总参谋部汇报前或拟订作战文件时，总要对事实反复进行核对，并根据战时条件认真思考，力求做得准确无误。

斯大林的优秀之处，还在于他注意倾听与他不同的意见。只要这些意见是有根据的，而且提得线索清晰，斯大林都会认真考虑。朱可夫说："通过漫长的战争时期中的接触，我坚信斯大林绝不是那种容不得尖锐问题和与之争论而又固执己见的人。如果有谁看法相反，我可以直截了当地告诉他，这种看法是不对的。"朱可夫是斯大林得力的助手。

他和斯大林的关系有时激烈紧张，但他们的关系是建立在相互尊重的基础上的。同样，作为统帅部的重要成员，华西列夫斯基也很善于在最高统帅的面前坚持自己的观点。在这方面，他既灵活，又很坚定。原任外高加索方面军参谋长，后任总参谋部作战部长和副总长的安东诺夫将军，也是最高统帅部中斯大林最宠爱的将领之一。安东诺夫具有很高的军事理论水平，卓越的组织能力，清醒的头脑，坚毅的精神，并具有突出的军事才干。在华西列夫斯基外出期间，他一直承担着总参谋长的重任。由于他知识渊博，当时又年轻力壮，所以他把一切工作都处理得很完善。安东诺夫在最高统帅部中，享有很高的威信，最高统帅部的代表在呈送报告给最高统帅时，都必须抄送一份给"安东诺夫同志"。之所以如此，一个重要因素就是他敢于直言，他的报告始终如实反映情况，无论听起来多么令人不愉快。必要时，安东诺夫也敢于反对斯大林的意见。斯大林对苏联元帅沙波什尼科夫特别尊重。沙波什尼科夫是在战略战役问题方面将军事科学的理论知识与广泛的实践经验相结合的知识最渊博的军事学家之一。斯大林称呼沙波什尼科夫时总是用名字和父称，而且和沙波什尼科夫交谈时从不提高嗓门，哪怕后者的意见他不同意也是如此。

斯大林不仅重视这些重要幕僚的意见，还注意倾听其他人的意见。1943年7月，苏军准备对德军进行一次大反攻。战争开始前几天，斯大林在克里姆林宫的办公室里召集了一次总参谋部、各方面军和集团军司令员的会议，会上安东诺夫明确讲解了作战计划。斯大林问了几个问题，表示同意。当时指挥近卫第8集团军的巴格拉米扬想对计划提出点修改意见，因为原计划影响到他在左翼的作用，但在最高统帅面前，他又犹豫不决，欲言又止。大家卷起地图，会议似乎已经结束，斯大林突然问是否有人有不同意见。巴格拉米扬说他有。斯大林看着他，脸上露出惊奇的神色，叫他把意见说出来。巴格拉米扬紧张得不得了，他还是竭力控制住自己。在场的人又都摊开了他们的地图。他说明了在即将到来的攻势中他认为他的集团军应起什么作用，提出了他的修改建议。接着是沉默。巴格拉米扬以为，他的建议仅仅是一个集团军司令员的建议，一定会遭到他称之为"大三位一体"的最高统帅、总参谋部和方面军司令员的压制。然而，斯大林和其余的人研究了他们的地图，然后，斯大林对巴格拉米扬说，你的建议被接受了。这就是斯大林的卓越之处，他要让他的将领们有自由行动的感觉，鼓励他们说出自己的心里话，斯大林则通过试验和总结错误的方法来寻求解决问题的途径。希特勒的将领们曾对斯大林和希特勒进行了一番比较，他们更为敏锐、客观地评价了斯大林的策略。他们认为，在苏联的上层指挥中，"充满了一些有能力的人，因此，他们被容许按照自己的判断行事，而且可以平安无事地坚持按自己的方法去做"。

朱可夫也说："斯大林的功绩就在于他能迅速而正确地采纳军事专员的意见，加以充实和提高，然后以概括的形式——守则、指令、教令——立即推广到部队中去，指导实践。"斯大林不把战略上的教条强加给别人，他也不轻易地把自己的行动蓝图直接交给将领们。他根据对形势的一切方面，即经济、政治和军事方面的卓越知识，向他们提出一般的想法。但仅此而已，接下去他就让他的将领们去形成自己的意见，制定自己的计划，然后他再根据这些作出决定。他的作用似乎就是在将领中作一个冷静的、超然的和有经验的仲裁者。在他的将领们发生争论时，他就收集有关人员的意见，权衡利弊得失，把局部性的观点同一般的考虑联系起来，最后谈出自己的看法。因此他的决定并不完全勾销将领们的想法，而经常是批准了将领们曾经一再考虑过的那些主意。

谨慎地决策之后，斯大林同样非常重视执行。凡是由他安排的工作，斯大林总是要求最高统帅部和国防委员会这两个高级机关作出的决定马上得到贯彻执行，决定执行情况则由他本人亲自认真检查，或由他指定另一些领导干部或机关检查。在战争开始的第一天，斯大林就吸取了列宁在内战时期的做法，创造了一种独特的战略领导制度，即向最关键、最重要的地区派去最高统帅部的代表。担任最高统帅部代表的都是最有军事素养的军事首长。他们对情况了如指掌，而且通常都是制定当前重大战略计划的参与者。最高统帅部要求自己的代表对战役实行全面领导并负全部责任，并为此授予他们全权。那么，什么样的人才能充当统帅部的代表呢？首先是最高统帅部的成员。战争期间，最早被以最高统帅部代表派去基辅的是朱可夫。后来，朱可夫曾以此身份去作战部工作不下15次。华西列夫斯基也同样多次作为最高统帅部的代表，被派往各个方面军。他和朱可夫不止一次地一同出发，去作战地区参加像斯大林格勒战役、库尔斯克弧形地带会战、进攻乌克兰第聂伯河右岸地区和解放白俄罗斯等大规模战役的准备工作和组织工作。也正因为这样，决策才能得以坚决而完整地贯彻，同时，这也有助于最高统帅部对各方面军情况了如指掌，一有变化就能马上作出反应。斯大林因而先后取得了莫斯科会战、斯大林格勒会战和库尔斯克会战等一系列战略决战的重大胜利。

三是作为精神领袖，无所畏惧的斗志和忘我的奉献精神，激励着全苏联人民的反法西斯的无比勇敢精神和坚定信念。

在那些紧张的战争岁月里，苏联人民以艰苦卓绝的精神忘我工作，创造了一个又一个奇迹。作为他们的领袖，斯大林更是以常人难以想象的精力担负起领导责任。当战争爆发的时候，斯大林已是60开外的人了。后来朱可夫将军回忆道：当战争进行时，谁也没有去想这些，因为每一个人都是全力以赴地在进行工作。大家都看着斯大林，而斯大林尽管上了年纪，但却总是精力充沛、不知疲倦。最后，斯大林以其钢铁般的意志成为二战中苏联人民前进的明灯。

斯大林认为，决定战争命运的不仅仅是武器装备，而更重要的是正确的政策和千百万人民群众的同情与支持。在战争爆发初期，斯大林非常重视从精神上振奋苏联人民的必胜信心。为了鼓舞全国人民抗击法西斯侵略者斗志，斯大林向全国发表了历史性的广播讲话，他以领袖和朋友的姿态讲话，呼吁人民为捍卫民族尊严保卫祖国而战："同志们！公民们！兄弟姐妹们！我们的陆海军战士们！我的朋友们，我在向你们讲话！"斯大林客观地分析了当前的战争形势："问题在于德国是发动战争的国家，他的军队已经全面动员，德国用来对付苏联的170个师已经开进到苏联的边界上，而且处于充分准备的状态，只是在等待出动的信号，而苏联军队则需要动员和向国境来是为了求得和平，或者至少推迟战争，但希特勒背信弃义地破坏了苏德条约，发动突然袭击占了优势。但他所占的便宜不会太久。"斯大林告诫人们："敌人是残酷无情的。他们的目的是要侵占我们用自己的汗水浇灌出来的土地，掠夺我们用自己的劳动获得的粮食和石油。他们的目的是要恢复地主政权，恢复沙皇制度……（把苏联各族人民）德意志化，把他们变成德国王公贵族的奴隶。"他号召同入侵者展开最无情的斗争，消除后方的混乱和恐慌。同时，他还号召在沦陷区的人们要造成使敌人及其所有走狗无法安身的条件，步步追击他们，消灭他们，破坏他们的一切活动。斯大林的讲话使他们顿感产生了巨大的热情和振奋了爱国之心，成千上万的苏联人受到了鼓舞。

在首都已岌岌可危的时候，也正是十月革命24周年纪念日，斯大林不顾个人安危，参加了在马雅科夫斯基车站举行的庆祝活动，并在集会上发表了讲话并立即广播发表。斯大林告诉人们，希特勒的闪电战已经在俄国失败。他对红军的力量和苏联人民的抵抗表有着充分的信心。

1941年11月7日，斯大林冒着枪林弹雨，参加了红场举行震惊世界的阅兵式，受阅部队从红场直接开赴前线，极大地鼓舞了红军的士气。斯大林在简短的讲话中回顾了内战时期的艰难岁月。

斯大林在特殊时期的两次讲话极大地振奋了军队和老

百姓的士气，表达了他们对自己祖国的热爱和对残暴、狂妄的敌人的仇恨，同时也产生了重大的国际影响。经过浴血奋战，取得了保卫莫斯科会战的胜利，纳粹德国闪电战的神话第一次遭到挫败，被认为是"打破了德军不可战胜的神话"。1943年2月，苏军取得了斯大林格勒战役的胜利，歼敌33万人，是役成为第二次世界大战的转折点之一。在苏联卫国战争期间，斯大林作为苏联的最高统帅表现出了钢铁般的意志，朱可夫元帅称斯大林为"当之无愧的最高统帅"。

1941年7月，斯大林的儿子雅科夫被德军抓捕，敌人想利用他来交换德军俘虏，但斯大林丝毫没有动摇，为了祖国和人民，为了列宁党的旗帜，他非常相信自己的儿子决不会叛变祖国；他曾这样对女儿说："他们想用雅科夫交换德国被俘军官，这是妄想！战争就是战争！"他用"我不会用一名将军交换一名士兵"、"我没有一个叫雅科夫的儿子"及"你们手里不只是我儿子雅科夫，还有上百万人都是我的儿子，要么把他们全部释放，要么让雅科夫和他们分享同样的命运"的回答断然拒绝，斯大林作为苏军最高统帅，也不得不顾及成千上万儿子也沦为德军战俘的苏联父母的感受。1943年，雅科夫在德国的俘虏营中扑向380伏电网自杀。因为他较早开始独立生活，生活俭朴，坚定顽强，在法西斯面前英勇不屈，受到苏联人民的热爱。斯大林那低沉而严肃的声音体现了一位伟大统帅的勇敢和魄力，体现了他的坚定信念和不屈不挠的斗争精神。正是这种精神，才使他有能力击败不可一世的法西斯强盗，才使苏联人民世世代代敬重与爱戴他。

四是任人唯贤，选拔任用了很多优秀的军事指挥天才，成为了战争胜利的推进器。

一个领导人只有善于用人，充分利用集体智慧，才能创造奇迹。在决定苏联前途命运的二战中，斯大林在这方面的才能表现得淋漓尽致。二战最精彩激烈的部分，毫无疑问就是苏德之间的战斗，在二战大多数时间，德军的大部分兵力都集中在东线战场上，双方动辄就是上百万人缠斗在一起。单从规模上看，与苏德战争相比，古今中外的一切战争，仿佛都成了儿戏。根据官方统计，苏联在二战中付出了2660万人牺牲的巨大代价，其中，1000万是军人。而德国有1000万军人死亡。如此大规模的战争，尤其考验统帅的才智。斯大林格勒大会战的胜利也证明了斯大林在用人方面不拘一格，虽然对苏军的整肃非常冷酷，也清洗了很多优秀的指挥员，但斯大林同样慧眼识人，发现了诸如朱可夫，华西列夫斯基，科涅夫，罗科索夫斯基，瓦图京，等等。朱可夫是其中的最优秀的将领，他参加了几乎所有重大的战役指挥。而斯大林对他也充分的信任，除了做了短时期的总参谋长以外，几乎都奔波在最关键的战斗前线，并取得辉煌的胜利，朱可夫能发挥自己的才能，和斯大林的信任和使用是分不开的，朱可夫性情耿直，坚持原则，是少数敢于顶撞斯大林的将领，但斯大林在充分了解朱可夫的才能后，就一直把他放在最合适的位置，让他充分发挥自己的才能。斯大林这点非常值得赞赏，因为包括美军的军事天才巴顿，也没有那么好的伯乐来使用他。因为在军队里，资历和体制是很难逾越的，但斯大林利用他至高的权威克服了这一点。斯大林格勒战役是又一次前所未有的壮举，除了计划和组织工作的出色外，每一阶段都是在斯大林的积极直接指挥下由朱可夫完成的，也可以说这次伟大的胜利，也是斯大林在用人选择上的重大成功。

同样，华西列夫斯基在战争开始前一年才被升为少将，但是由于他的出色表现，斯大林在短短两年不到的时间把他升为苏联元帅，这在现代军事史上也是非常罕见的。而华西列夫斯基也没有辜负斯大林的信任，为苏军的胜利贡献了自己的卓越才能。

罗科索夫斯基，也是一位优秀的指挥天才，但他在1937年曾经被作为间谍逮捕，并险些执行死刑。斯大林并没有因此而冷落他，反而委以重任，并把他迅速提升为独当一面的元帅。

事实上，斯大林在军事上并非是完美的天才，甚至在战争初期的几天里，突遭德国军事打击损失惨重的时刻，因为悔恨自己对于战争发生的时间点的判断失误，大受打击，情绪低落。然而，同斯大林一起工作过的苏联元帅和著名的军事指挥官们，都把他视为统帅。华西列夫斯基元帅曾说："我认为，斯大林无疑该归于出色的统帅之列。"朱可夫元帅也称斯大林为"当之无愧的最高统帅"。为什么他们都这么敬仰斯大林呢？

一个统帅的最重要的才能，并不在将兵，而在将将。苏联元帅和著名的军事指挥官们之所以都这么信服斯大林，正是因为斯大林不仅自己具有超凡的智力和高深的军事知识，同时也善于发挥他们的专业技能和才干。用韩信的话说，他是一个"将将之帅"。朱可夫元帅在自传中说："当然最高统帅从战争初期至斯大林格勒会战前也出过错。他深深反省过这些错误，不仅深感痛心，而且极力吸取其中的教训，避免重蹈覆辙。"接下来，斯大林以卓越的才能和魄力，扭转了战争初期由于失误所造成的混乱局面。这其中斯大林的选人用人韬略起到了十分重要的作用。在整个卫国战争期间，斯大林善于运用人尽其才之道，汇集奇才良将，依靠众人智慧，使苏联终于从被动的绝境找到了最适合于当时情况的斗争方式和方法，终于从敌人手中夺取了主动权。

斯大林首先做的是选拔人才。斯大林一直十分重视选拔人才和用人，对此他有很多精辟的论断。比如，"人才、干部是世界上所有一切宝贵资本中最宝贵、最有决定意义的资本"、"选人用人具有头等重要的意义"、"干部决定一切"，等等。因此，在战争初期，斯大林优先考虑的问题是建立一支经过精心挑选和严格训练并能够担负起领导工作的军官队伍。在莫斯科战役时，他开始对一群新的军事杰出人才进行基本挑选，于是朱可夫、华西列夫斯基和沃罗诺夫就涌现出来了。在斯大林格勒战役中，他继续进行了挑选，于是瓦图丁、叶廖缅科、马林诺夫斯基、崔可夫、罗特米斯特洛夫、罗第母采夫和其他人就从此为众人所知。这些人差不多都是三四十岁，毫不墨守陈规，在战争这座严酷的学校中贪婪地学习，直到他们成为敌人势均力敌的对手，后来更胜敌一筹。

斯大林选人用人，看中的是能力，唯才是举，而不是看资历，看辈分。他特别注意将领在战斗中的实际表现。战争爆发时，他后来所重用的元帅和将军差不多都还是下级军官或无名小辈。比如朱可夫就是被他从一个军区的小司令，一路提拔到了几乎是对德战争的前线总指挥的高位。更为神奇的是年轻的切尔尼亚科夫斯基，他在3年之中，从少将升为大将。而这些人后来都发挥了重要的作用。

在选人的时候，斯大林并不是仅仅以个人的观点喜好为依据的。即使是在重大职位的人选问题上，斯大林也表现出对人才的尊重。一次，在斯大林克里姆林宫办公室里，正在讨论任命沃罗涅日方面军的司令员人选问题，对大家提到的几位人选斯大林都不满意，沉默了好一会儿，人人都在考虑一名合适的人选。突然，副总参谋长瓦图金一个立正："斯大林同志，任命我去指挥沃罗涅日方面军吧。"这一勇敢的自荐行动完全出乎斯大林的意料。"什么，你？"他惊奇地说，皱起思索的眉头。瓦图金是炮兵中将，1920年参加红军，除了在莫斯科战役中短期指挥过作战以外，没有担任过司令员。最后斯大林打破了沉默，转身问华西列夫斯基，"你认为如何？"华西列夫斯基赞成派瓦图金。经过一番考虑之后，斯大林对瓦图金说："既然华西列夫斯基同志对你感到满意，我不反对。"瓦图金后来成为一名杰出的方面军司令员。

与选拔人才相比，斯大林的用人艺术同样高超。斯大林伟大的地方，在于他善于发挥下属的积极性和才华，用人之长，补己之短。他用他杰出的管理组织能力，将朱可夫，华西列夫斯基和安东诺夫等一批谋士将才汇聚一堂，集众将帅之精华，谋克敌制胜之大略。

第五节　二战后的斯大林

一是缔造了社会主义阵营，巩固了社会主义革命成果。第二次世界大战之后，随着温斯顿·丘吉尔发表著名的"铁幕演说"，由于东西方意识形态的尖锐对立，世界逐步形成了资本主义宪政民主国家和社会主义人民民主国家两大阵营长期对峙的冷战格局。1949年西方国家签署了北大西洋公约，在斯大林看来，西方的反苏政策达到了高潮。这项公约规定成立一个十二国的军事联盟，并建立北大西洋公约组织，以保持一支联合军事力量，声称这一军事联盟纯粹是防御性质的。但在斯大林和全体苏联人看来，它明显是有进攻意图的。3年之后，北约把德意志联邦共和国作为一个平等的成员吸收进去，"是一个毛骨悚然的发展"（伊恩·格雷语）。杜鲁门的"遏制"政策和苏联的友好态度被美国回绝，在苏联内部引起和激发了偏激的爱国主义，与此同时抨击了有碍这种民族情感的"世界主义"。令苏联人不能接受的是：苏联为了他们共同的胜利付出了比所有盟国加在一起还要大的代价，而胜利却没有使他们能够参加建立世界和平，反倒使他们陷入一种新的敌意的包围，这种包围是由那时尚握有原子弹垄断权的美国所建立的基地构成的，而且美国竟把任何除了美国自己的扩张以外的"扩张"都诬蔑为"侵略"。因此，斯大林在苏联东南欧占领区的前轴心国国家内，积极扶植各国的共产主义党派上台，建立了民主德国、捷克斯洛伐克社会主义共和国、波兰人民共和国、匈牙利人民共和国、罗马尼亚社会主义共和国、保加利亚人民共和国等卫星国，组成了以苏联为首的社会主义国家阵营。这些国家在宪法中确立了共产党执政的一党专政制度，推行国有化经济政策，并对国内的自由主义分子和支持宪政民主人士实施严厉打压和清洗。1947年，苏联对东方集团提供了经济援助的莫洛托夫计划，该计划于1949年发展成为经济互助委员会。之后，随着华盛顿冷战政策的不断深化，莫斯科加紧了对东欧的控制，任何想独立处理内外政策的做法都被认为是背叛行为。通过友好合作和缔结联盟，一些亚洲国家如中国、朝鲜和越南等也加入了社会主义阵营。社会主义阵营国家占世界土地面积的26.6％，占全世界人口的36％，工业产量约占世界工业总产量的30％。社会主义阵营各国建立和发展了新型的经济联系，形成了社会主义世界市场。社会主义阵营各国的互助和合作是国际关系史上的新现象，它巩固了社会主义革命的成果，鼓舞了反帝反殖民的解放运动，成为了反帝国主义的强大的力量，捍卫了世界和平。但是，此后苏联推行大国沙文主义和民族利己主义，企图干预和控制其他社会主义国家内政，给社会主义阵营播下了不和谐的种子，最后导致了社会主义阵营的瓦解。

二是摇摆不定的对华政策，客观上支持了中国的独立与新中国的建设。二战爆发前夕，苏联曾与1937年8月20日与刚刚开始全面的抗日战争的南京国民政府签订了《中苏互不侵犯条约》，为抗日战争提供武器和物资援助，并派遣空军战斗机志愿队助战，一直到1941年初斯大林与日本帝国签订《苏日中立条约》之后，苏联战斗机志愿队才撤离中国回苏。二战结束后，苏联撕毁《苏日中立条约》向日本宣战，一周之内，苏蒙联军迅速击溃日本关东军和满洲国军，推翻了日本扶持的傀儡政权满洲国和蒙疆自治政府，裕仁天皇宣布日本投降。由于苏联控制了中国满洲（中国东北）及蒙疆（内蒙古）的部分地区，中国共产党领导人毛泽东欲接管满洲，以便能更好地与蒋介石的中国国民党继续展开武装斗争。而斯大林则为了避免和美国支持的蒋介石国民党政权进一步加深冲突，拒绝了毛泽东的要求，决定在中国推行"联合政府"政策。尽管如此，苏军于1946年在撤离满洲回国之前，依然为中共抢占满洲的真空地带提供了很多便利条件。1946年国共谈判的努力宣告失败，第二次国共内战全面爆发。中国内战的全面爆发无疑标志着莫斯科的"联合政府"政策在亚洲的破产，这大概是斯大林始料不及的。斯大林的本意是支持国民党，利用共产党，通过促成统一的"联合政府"，保障苏联在远东的安全和利益。但是，他既不了解也不能控制共产党，更没有想到国共之间水火不容，在蒋介石那里，所谓联合政府和停战谈判，都不过是为积蓄力量以利再战而采取的权宜之计。国民党对美国援助的依赖，也加深了斯大林的疑虑，他不得不把重心向共产党一方倾斜。正如一些学者分析的那样："正是反对美国和国民党政府控制东北的共同利益，使中共与苏联形成了一种战略关系。"不过，苏联关注的中心毕竟在欧洲，而就全局而言，1946年仍然是斯大林推行或极力维护与美国合作的一年。所以，莫斯科对于中国的内战采取了作壁上观的态度，只要与苏联接壤的地区能够保留在共产党的控制下，其他问题斯大林恐怕一时是顾不上，也不关心的。

从上述历史过程还可以看出，战后苏联对华政策确实是多变的，不确定的。有学者用"举棋不定"来形容斯大林的对华政策，认为："1945年秋天，斯大林的对华政策同他的欧洲政策一样，既没有明确的目标，又缺乏内在的一致性。"这样分析并不十分准确，表面看起来，苏联对东北的政策似乎有些反复无常，但实际上这恰恰反映了斯大林的一贯作风：目标始终确定而手段经常变换。对于苏联在东北的政策，当时在伪满工作的陈云有很深刻的认识："苏联对满洲的政策基本上包括两方面：一方面，把沈阳、长春、哈尔滨三大城市及长春铁路干线交给国民党；另一方面，援助我党在满洲力量的发展。保持远东和平和世界和平，是苏联这一政策的基本目标。某一时期由于国际国内条件的变动及斗争策略上的需要，苏联对于执行中苏协定的程度，及对我援助的程度会有所变化。但苏联这些政策的本质，是一贯的，不变的。"1949年，中共击败国民党夺取了中国大陆地区的控制权，并于10月成立中华人民共和国。1950年2月，苏联与中国签订《中苏友好同盟互助条约》，与中国结盟并为之提供经济援助。

结 束 语

斯大林是在国家和民族最需要他的时候，始终站在历史潮流前面指导斗争的最高统帅，他是帝国主义的不可调和的敌人，用比较正确的方式使苏联取得了举世瞩目的成就。斯大林的思想和观点基本上是符合马克思列宁主义的，虽然其中有些错误，但主要方面是正确的，斯大林的错误是次要的。社会主义国家的领袖，就必须按照社会主义的制度和管理方式来统治国家，建设国家。

为了革命事业，在斯大林的一生中先后被捕7次，流放6次，又陷入了失去妻子的痛苦，遭到过社会歧视和排斥的处境，这一切形成了其暴躁、多疑和有残忍倾向的性格，导致了后来肃反等悲剧的发生。从这个角度看，他是有过的，但我们不能因为斯大林在肃反运动和"集体化"运动中的表现，就否定他的伟大贡献，对那一阶段的苏联而言，斯大林是功大于过的。

　　总之，斯大林是近代世界风云跌宕的时势下的产物，是这种时势所造就的时代伟人。他的功绩和失误不仅仅属于他，更属于产生他的那个充满矛盾和斗争的时代。对一位伟人，我们永远应该记住的是他对人类及世界的贡献。